Échappée en Ulster

Toutes ressemblances entre cette fiction et la réalité
ne seraient que fortuites.

Elsa Morienval

Échappée en Ulster

NomBre7
éditions

<u>**Du même auteur**</u>

Ulster, (TBE, 2019) version augmentée

"Qui aurait pu le prédire trente ans plus tôt ? La petite Belfast était une ville si jolie. Nichée au creux de l'aisselle de Belfast Lough, tout près de la surface de la mer brumeuse, la ville était entourée de montagnes et cajolée par la mer. Quand on levait les yeux dans l'enfilade de la plupart des rues de Belfast, il y avait toujours une montagne ou une colline pour vous regarder."

Eureka street

Robert Mc Liam Wilson

13 novembre 2015

Je vais chercher ma fille à la patinoire à Franconville. Elle me dit qu'une bombe a explosé au stade de France. J'allume l'autoradio et j'écoute. Je replonge dans l'atmosphère des "Troubles" nord-irlandais vingt-sept ans auparavant…

Les attentats, la haine, la violence. Comment imaginer que cela puisse arriver chez nous, en France ? Non, ce n'est pas possible.

Et j'écris.

Partie I

Printemps 1989

J'habite à Épinay-sur-Seine chez mes parents dans une tour de dix-huit étages, j'ai 23 ans. Je termine mon DEUG d'anglais à Paris XIII Villetaneuse. Inscrite en licence et en vue de faire un mémoire pour la maîtrise, je dois faire un séjour en pays anglophone pour le préparer. J'avais fait deux demandes de poste d'assistante de français. La fonction consistait à assister les enseignants de français en collège ou lycée en classe ou bien en petits groupes d'élèves. Il y avait 12 heures par semaine à assurer.

Un premier dossier officiel pour lequel j'avais passé un oral concernant mes motivations, mon sujet de mémoire et de culture générale. Je ne me souviens même plus du sujet que j'avais choisi pour ce mémoire fictif. Pour ce dossier, j'avais fait trois choix de ville : Dublin, Édimbourg et Cardiff.

Au cas où celui-ci n'aboutirait à rien, j'avais aussi fait un deuxième dossier : même parcours, oral et mes choix étaient, Cork, Liverpool et Belfast.

Ce jour de printemps, je découvre dans la boîte aux lettres une enveloppe épaisse venant d'Antrim, Irlande du Nord. Je suis à la fois heureuse et déçue. Finalement, je suis même profondément déçue. Je voulais Dublin, mon premier choix. Dublin où Pauline habite ainsi que mon amie Noémie d'Epinay.

Je remonte les quatre étages pour rentrer à la maison. Mes parents sont là. Je pars dans ma chambre.

Ce n'est pas juste. Je n'ouvre pas l'enveloppe. Je la jette par terre et la piétine comme une gamine en colère. Je suis très en colère et n'accepte pas une fois de plus que mon dernier choix soit validé et pas le premier. Cela veut dire que mon dossier n'était pas bon et que personne ne postule pour l'Irlande du Nord, pays en guerre, région mésestimée. Qui veut partir en Irlande du Nord ? Personne. D'ailleurs, hormis les "Troubles", on ne connait rien de l'Irlande du Nord. On pense que ça doit être moche et que les gens y sont antipathiques. C'est ce que disent les gens du sud de l'Irlande, ceux qui vivent en République d'Irlande. Et puis, leur accent est incompréhensible et leur anglais est mauvais. L'anglais le plus pur est celui de Dublin, tout le monde le sait... à la fac, je n'ai étudié que les "Troubles" et n'ai jamais entendu parler d'autre chose que des "Troubles", cette guerre civile qui n'est en aucun cas une guerre de religion mais un prétexte pour asseoir un problème politique. Enfin, c'est ce que j'en ai retenu, parce qu'en fait, le cours de Eileen Bonvin, maître de conférence et spécialiste de la question nord-irlandaise ne me passionnait pas. Je ne comprenais pas ces rivalités entre l'IRA et l'UVF. Me revient en tête le "Bloody Sunday" qui évoque aussi la chanson de U2. J'apprenais mes cours par cœur pour les partiels et je les oubliais aussitôt. Je n'ai jamais compris les conflits quels qu'ils soient d'ailleurs. Et puis, je n'étais pas réellement destinée à étudier l'anglais, je préférais le parler pour communiquer et voyager. Pour avoir ma liberté. Oui, l'anglais était le passeport pour la liberté. Il m'ouvrait à toutes les frontières, les barrières et les obstacles. C'était naïf. Oui, sans doute.

Bon, voilà, mon affectation c'est Antrim et je voulais Dublin.

Au moment présent, je me moque bien de ces histoires religieuses ou politiques et je pleure Dublin. Je ne serai pas assistante de français à Dublin.

Mes parents me voient triste et ne comprennent pas. Ils ne savent même pas où j'ai postulé et pourquoi. Cela les dépasse totalement. Ma mère vit dans son microcosme et n'a aucune notion de la géographie en dehors du quartier que nous habitons et encore...

Je finis par ouvrir cette maudite enveloppe. Je découvre une lettre, de celle qui sera ma responsable. Elle s'appelle Tiffany Richardson. Sa lettre est fort sympathique et j'adore son écriture : elle est anglo-saxonne, comme je les aime... Elle a écrit en anglais et en français. Délicate attention. Oui, c'est gentil. Elle me dit qu'elle est heureuse de m'accueillir à Antrim, dans le comté d'Antrim, sur les bords du Lough Neagh. Qu'est-ce que le Lough Neagh ? Un lac, c'est certain. Tiens, il y a des lacs en Ulster ?

Elle me dit que la ville est à une heure en bus ou en train de Belfast et qu'une famille me logera pour 20 livres par semaine, nourrie et blanchie. Elle m'annonce également que j'aurai en charge des groupes d'élèves sur trois établissements. Antrim Grammar school, Antrim

High School et Parkhall High School. Il y avait un dossier à renvoyer.

Je me jette sur une carte des îles britanniques que j'ai toujours sous la main. La géographie fait partie de moi. J'ai toujours été le copilote de mon père en voiture et j'adore me repérer sur une carte. J'aime savoir où je suis et savoir où je vais. Je vois où est Antrim, où est Belfast. Je calcule la distance qui sépare Belfast de Dublin : 180 km. Je me dis que ça pourrait être pire. J'irai à Dublin le week-end. Après tout je pars pour l'Irlande que ce soit celle du sud où celle du nord. Qu'importe. J'ai obtenu un poste en Irlande, c'est déjà ça. C'est bien.

Mon père est content pour moi. Ma mère pleure, elle sait que je vais partir de la maison. Partir définitivement de la maison. Il y en aura pour des semaines de pleurs et de chantage pour que je change d'avis.

Été 1989

Ce sont les grandes festivités du bicentenaire de la Révolution française en France. Il y a des spectacles partout, des commémorations. Je vais partir en Irlande du Nord et pense que je vais exporter cette image "libre" de la France.

Nous sommes en plein déménagement à Epinay. Mes parents, plutôt mon père, a décidé de déménager en Normandie, dans la petite maison de pêcheur, Pa Pi Ja dont ma mère a hérité de sa mère : elle porte les initiales de ma mère et mes tantes, Pa pour Paulette, Pi pour

Pierrette et Ja pour Janine. John mon neveu, que mes parents ont élevé suite au décès de ma sœur, vient de fêter ses 14 ans. Il a de mauvaises fréquentations dans notre quartier qui s'est dégradé à vitesse grand V en l'espace de onze ans. Mon père lui a acheté une mobylette, celle de mon amie Zoé.

Moi, je ne serai que de passage à Pa Pi Ja. Je dormirai une semaine dans un lit de camp entre le bahut et la table dans la salle à manger. Je pars au mois d'août pour Dublin d'abord et Belfast ensuite. J'ai démissionné de mon emploi de caissière à Super M, emploi que j'ai occupé pendant trois ans et demi. Depuis un an, j'ai cumulé trois emplois pour économiser, pour partir, en plus de mes cours à la fac à laquelle je me suis inscrite pendant les grèves contre la loi Devaquet, en 1986.

Sans aucun regret, je pars. Je ne dois rien à personne, je me sens libre.

Je rencontre mon amie Noémie, une amie que j'ai connue par l'intermédiaire d'une prof de français quelques années auparavant. À cette époque je ne savais pas encore que je vivrais dans le pavillon qu'elle a habité toute sa jeunesse. Sa mère prendra sa retraite et me proposera d'habiter cette maison moins coûteuse que mon appartement à Paris, à la fin des années 90.

Noémie a déjà habité à Dublin. Elle y a rencontré un certain Chris, ils ont vécu ensemble puis se sont séparés. Ils se sont retrouvés cet été 1989 et ont décidé de se marier. Je loge chez Pauline deux ou trois jours qui me donne des consignes et des conseils pour me protéger des Nord-Irlandais ! Pauline, qui habite à Dundrum, au sud de Dublin, a été ma "logeuse" les deux étés précédents et je la considère comme ma "mère irlandaise". J'y suis très attachée.

Je sais que j'irai à Dublin le plus souvent possible. Cela me rassure, j'ai un point de chute.

Le titre d'un journal retient mon attention: "Loughlin Maginn was shot and killed by the Ulster Freedom Fighters (UFF)".

Je cherche dans mes souvenirs et me rappelle que ce sont les combattants de la liberté de l'Ulster, branche armée de l'Ulster Defence Association qui se bat contre l'Irish Republican Army, branche armée du Sinn Fein, parti républicain de gauche dont l'objectif est de réunifier les deux Irlandes en une république fédérale… je ne suis décidément pas une historienne mais j'espère que mon séjour éclairera mes piètres connaissances. C'est la honte. Mais tant pis.

Cela commence bien, me dis-je. Mais bon…

Antrim

J'arrive à Belfast par le "Belfast express" qui à l'époque met trois heures pour parcourir la distance Dublin-Belfast. Je sais que Tiffany viendra m'attendre à la gare routière. Le bus arrive à Newry. C'est la frontière entre la République d'Irlande et l'Ulster. Le bus s'arrête. Un militaire armé monte dans le bus et calmement fait sa ronde et redescend. Je ne m'attends pas à cela. Je me pose des questions. Où suis-je partie ? Que fais-je ici ? Les gens sont habitués, ils n'y font même pas attention, c'est ainsi depuis 20 ans mais cela s'est apaisé. Je ne me suis pas tellement plus renseignée depuis mes cours à la fac sur l'évolution de la situation ainsi que les événements qui restent flous à ce moment-là pour moi. Je sais que j'y suis maintenant.

Le bus repart et je contemple le paysage si vert, si beau, même de l'autre côté de la frontière. Malgré la vue de ce militaire, je me sens dans état de grâce total. En sécurité. Étrange sensation.

Arrivée à *Belfast bus station*. La gare qui se trouve en plein centre-ville, derrière l'hôtel Europa, est en travaux. Tiffany est là. Elle m'accueille chaleureusement. C'est une personne très douce, un peu ronde, réservée, les pommettes roses, dont le visage reflète la gentillesse. Je sais déjà que nous allons bien nous entendre. Elle m'invite au restaurant. Un restaurant français qui n'a de français que le nom... le repas est de mauvaise qualité, Tiffany s'en excuse mais bien sûr elle n'y est pour rien...

Puis elle m'emmène chez elle à Magherafelt, j'y passerai la nuit. C'est la plus grande ville du comté de Derry du sud ou Londonderry, selon la confession (Derry pour les catholiques et Londonderry pour les protestants). Magherafelt se situe au centre du territoire de l'Ulster. Tiffany habite une modeste maison mitoyenne. Le lendemain, elle a prévu de me faire visiter sa région, les Sperrin Mountains. C'est beau, calme malgré le manque de soleil. Elle me dit que c'est une des principales zones montagneuses de la totalité de l'Irlande, à l'ouest du Lough Neagh. Tiffany est célibataire, elle a environ dix ans de plus que moi mais en parait encore dix de plus. J'immortalise ce moment avec deux photos : une sur laquelle j'ai retiré mes lunettes – parce que ça fait trop intello – où mes cheveux déjà volumineux sont soufflés par le vent, un sourire hilare aux lèvres qui dévoilent mes dents en avant et de travers comme Laura Ingalls dans la sempiternelle série "La petite maison dans la prairie". Et cela m'amuse comme une folle. La deuxième montre Tiffany avec ce même vent, vêtue d'un imperméable sans couleur. En toile de fond, ces magnifiques montagnes d'un vert qu'on ne voit qu'en cet endroit.

En fin de journée, elle m'emmène chez sa collègue et amie Paddy. Elle est chef du département de français d'un des établissements où je vais enseigner. Paddy habite "L'Hermitage". L'Hermitage est un grand domaine, une sorte de petit manoir comme on en voit dans les feuilletons anglais. C'est grand, c'est beau. Un environnement totalement nouveau et inconnu pour moi. Paddy est l'opposé de Tiffany : extravertie, grande, mince, avec une assurance sans faille. Elle et son époux vivent dans une certaine aisance, une famille connue de l'Irlande du Nord, les Johnston. Il règne une atmosphère très joviale. Ce sont des gens fort sympathiques. Paddy me parle anglais en articulant le plus possible. Je passe une nuit chez eux avant d'aller dans ma famille d'accueil à Antrim le lendemain.

Elle me montre ma chambre et là, je reste interloquée. Une chambre de château ! Je n'ose même pas poser mon sac de voyage tellement je me sens ordinaire dans ce cadre royal. Je n'ose pas m'installer. Je redescends dans leur immense cuisine et discute avec Paddy si joyeuse.

Le lendemain matin, Paddy m'emmène chez les Mc Kendry, la famille qui me logera pendant l'année scolaire. On est vendredi et les cours ne commencent que le lundi.

C'est Kathleen qui m'accueille. C'est une femme très chaleureuse, souriante, l'air maternel. Elle inspire la sympathie elle aussi. Elle me montre ma chambre. C'est inespéré. Une vraie chambre. Elle donne sur leur jardin. Un jardin bien vert comme le reste du paysage. J'ai l'impression de rêver. C'est "cosy", confortable. Je sais que je vais si bien m'y sentir...

Je dépose mes bagages et rejoins Kathleen dans la cuisine. Elle me fait visiter la maison. Elle est assez grande. Une maison de lotissement. Une cuisine-salon, puis une salle à manger et la "TV room" qui permet également de recevoir des invités avant de les faire passer dans la salle à manger.

Kathleen me propose immédiatement une tasse de thé dans la "tv room". Nous discutons. J'apprends qu'elle est assistante maternelle en crèche. Elle travaille tout à côté de "Parkhall High School », l'un des établissements où je vais exercer mon activité d'assistante. La famille a quatre enfants. L'aîné a mon âge, la deuxième un an de moins, elle est infirmière. La troisième a 14 ans et le dernier a 9 ans.

L'année d'avant ils avaient déjà hébergé l'assistante de français Anne-Marie que je rencontrerai dans l'année, elle passera quelques jours chez les Mc Kendry avec sa sœur.

Je rencontre Eamon, le mari de Kathleen. C'est un homme brun de type plutôt espagnol assez petit, très agile avec un accent incompréhensible mais très sympathique. Il est toujours en forme, toujours de bonne humeur. Il écoute de la musique irlandaise, la famille est catholique... donc fidèle aux traditions catholiques de la République d'Irlande. Je le constaterai tout au long de mon séjour, ce clivage qu'on ne trouve qu'ici, en Ulster.

Kathleen me dit : "Tea is ready" ce qui veut dire pour moi que le thé est prêt. Je viens d'en boire une tasse, il est 17h30. On m'attend dans la salle à manger. Je comprends que "Tea" veut dire "repas" aussi puisqu'on boit du thé à table et non de l'eau comme en France...

Cet endroit me plait vraiment. J'échafaude des projets pleins d'espoirs et ils se réaliseront. J'apprends à vivre à l'heure nord-irlandaise avec ses difficultés, son accent si particulier, ses habitudes alimentaires, détestés des habitants de la République, au sud. J'essaie de m'adapter à la prononciation que je trouve "déformée" mais amusante.

Le week-end arrive. Chacun se réveille à son rythme. Les horaires sont très souples, le "Tea" peut être à n'importe quelle heure de la journée comme 14h, 15h ou même 16h mais il n'y en a qu'un. En dehors de ce "tea" on ne mange que des toasts ou une grosse glace en milieu de journée. J'ai eu de nombreuses hypoglycémies liées à ce changement de rythme, moi qui suis issue d'une culture familiale de "l'heure militaire", des repas à heure fixe, non négociable.

Il fait très beau et pas froid. Les Mc Kendry décident de m'emmener visiter les "Glens" du comté d'Antrim. Tous les deux viennent d'une de ces "Glens", une de ces vallées. J'apprends aussi plus tard que l'Armada a séjourné dans ces Glens d'où le type espagnol de certains habitants de cette Irlande septentrionale. Vingt-quatre navires de l'Armada détournés de leur destination à force de tempêtes firent naufrage de la côte d'Antrim jusqu'au nord du Kerry en septembre 1588.

Ce couple est heureux de vivre. Ils se taquinent tout le temps, ils s'aiment. Ils sont très affectueux envers moi. On ne m'a jamais donné autant de considération. Je ne suis pourtant qu'une locataire.

Nous faisons une randonnée, c'est très agréable. Je prends plein de photos. Le décor est à la fois féérique et sauvage. Il me fait rêver. Je réalise la richesse que va me donner ce séjour.

À ce moment, personne ne me parle des "Troubles". Comme s'ils n'existaient pas.

***

Lundi est le jour de la rentrée. Kathleen qui me demande impérativement de l'appeler "Kate" dans la rue et non Kathleen, me montre le chemin pour aller dans les établissements où je vais travailler. Kathleen est le nom à consonance "gaélique" donc catholique de Kathrin, Kathreen ou Kate, qui est neutre. Les familles sont comme fichées "catholiques" ou "protestantes". Cela fait rire la Française laïque que je suis mais bientôt, je n'en rirai plus autant.

On m'attend pour 9 heures à Parkhall High School. Je suis accueillie par Paddy et Tiffany. Elles me montrent les locaux administratifs et l'établissement que je trouve luxueux et gigantesque. Elles me présentent également au Principal, un grand roux à la voix rauque, très accueillant. C'est l'heure de "l'assembly" du matin. Les assemblies sont l’occasion d’aborder et de faire réfléchir les enfants sur les sujets d’actualité. Les *assemblies* ont aussi pour objectif d’informer sur la vie de l’école, de valoriser les travaux réalisés au sein des différentes classes et de remettre aux élèves les nombreuses distinctions individuelles existant dans le système anglais (certificates of achievement, stars of the week, academic awards...). Ces "rassemblements" sont religieux dans le sens où discours et prières font référence à Dieu mais aucune confession spécifique n’est évoquée, ni catholique, ni protestante, les deux seules religions présentes en Irlande du Nord. Je suis assez mal à l'aise, j'ai l'impression d'être à la messe mais en même temps cela m'amuse parce que je ne connais pas ce système.

Après avoir pris connaissance de mon emploi du temps, je rencontre les élèves dans leur classe. Le niveau de français est très mauvais. Mais le français est une langue difficile, d'origine latine, écrite. L'anglais est une langue orale qu'on apprend en "globale". Dans cet établissement, je n'aurai que des collégiens. À la pause, on me présente les professeurs.

L'après-midi, je me présente à la Grammar School. Un établissement encore plus luxueux. En fait, les "Grammar schools" recrutent leurs élèves sur concours et récupèrent les meilleurs éléments. Les "High schools" sont des "comprehensives schools" qui elles, scolarisent tous les élèves, quel que soit leur niveau.

Je demande mon responsable, Mr Wilson, chef de département de français. Il arrive très vite. C'est un homme d'une cinquantaine d'années, très droit, très sûr de lui, les yeux bleus, son front est légèrement dégarni. Son français est parfait, quasiment sans accent. Je remarque un regard un peu malsain chez lui, je ne sais pas pourquoi. Il m'informe que je vais avoir des petits groupes d'élèves de 1ère et terminale (6th Formers and upper 6 Formers) en conversation. Ce seront les élèves dont j'aurai à jamais un souvenir inoubliable.

C'est dans cet établissement que je vais créer quelques semaines plus tard un club de français, "French club" qui portera le nom de "Kermitterand club" en référence à la présentation de l'émission française "le bebète show", en vogue à ce moment-là. Un de mes élèves, très doué en dessin, confectionne une affiche pour le French club avec cette grenouille qui suscitait bien des commentaires mais qui représentait tant la

France ! La grenouille la plus célèbre de France : notre président de la République ! Un journaliste de la gazette d'Antrim vient même m'interviewer dans mon local du "French club". C'est la première fois qu'une assistante de langues crée quelque chose en plus de ses douze heures de contrat... Je n'ai pas besoin d'aller vers les élèves, ils viennent à moi et cherchent à parler français – mauvais la plupart du temps – sans même que je le leur demande.

Le troisième établissement, une autre "high school", je n'y fais qu'une heure par semaine. J'en ai peu de souvenirs. Le niveau de français est déplorable y compris celui de la seule enseignante de français. Elle est toutefois très sympathique et m'invitera à dîner deux fois. Les élèves sont très indisciplinés et pas intéressés par le français. Je mettrai un projet "croissants, pain au chocolat et chausson aux pommes" pour les appâter un peu. La confection de toutes ces viennoiseries en série fonctionnera plutôt bien.

***

Je découvre le centre d'Antrim, ville dortoir assez petite, je m'en aperçois de jour en jour. Elle n'a pas de cachet sinon sa gare et la "Marina", le petit port au bord du lac, le Lough Neagh. C'est loin pour y aller à pied et je n'irai que deux fois pendant mon séjour. Comme dans toutes les villes dortoirs, il y a un grand centre commercial. J'y ferai mon petit tour tous les jours et j'y rencontrerai mes élèves et leurs parents qui me salueront toujours avec un sourire reconnaissant. L'article de journal a fait le tour de la ville et les enfants ont dû se précipiter pour dire qu'ils me connaissaient. Je suis en fait, une sorte de curiosité. Je suis "la Française".

Ce qui m'impressionne le plus dans cette ville, et je le verrai dans les autres villes, c'est le poste de police. Sa taille est démesurée. C'est un immense et large bâtiment, solidement construit entouré d'un double grillage hautement élevé, surplombé de barbelés. Je n'ai jamais vu cela de ma vie. Lorsque j'emprunte un chemin moins usité, j'entends des petites caméras qui se tournent dans ma direction. Cela m'amuse et parfois je leur fais même des grimaces. Toutes les villes sont sous haute surveillance.

***

À la fin de ma première semaine, je prends le bus pour aller à Belfast. Une heure. Une heure d'un parcours déserté de maisons ou de villages. Des collines et des champs défilent devant moi derrière la vitre du bus. Moi qui viens de la ville, je suis complètement dépaysée, éberluée, saisie par ce paysage inhabituel. Ce vert qui me transporte dans une paix la plus profonde à l'intérieur de moi. J'irai chaque semaine tant cela me plait.

Belfast est la capitale de l'Irlande du Nord, mais c'est une toute petite ville, dans le comté d'Antrim. Elle est entourée de montagnes, enfin disons de collines, et l'hiver, leurs cimes sont recouvertes de neige. C'est fabuleux. Il est difficile de décrire Belfast sans parler des barrières à chaque entrée de rue... des militaires armés, tranquilles cependant mais bien présents. Des énormes postes de police dans chaque quartier. C'est une ville entièrement quadrillée. Je m'attends à un vieux centre-ville comme celui de Dublin mais je ne le trouve pas car il n'y en a pas. Le centre-ville est neuf. Il est même sans cesse en reconstruction à cause des attentats. Il a déjà été démoli pendant la Deuxième Guerre Mondiale par la Luft Waffe. Néanmoins, je trouve les magasins qui me conviennent, j'explore. Les vêtements sont bon marché, la nourriture également. Je trouve des produits français qui commenceront à me manquer au bout de quelques semaines et que j'aurai plaisir à faire découvrir à mes hôtes. Le brie, le camembert, les olives... je ne trouve ces produits que chez M&S ou dans des épiceries fines mais ça me plait de fouiller les rues et les magasins. Il y a au moins une alerte à la bombe chaque fois que je pars en centre-ville dans les grands magasins.

Seuls le "City Hall" et "l'Ulster Hall" où j'aurai le plaisir de chanter sont d'origine. Je n'irai que beaucoup plus tard dans l'ouest de la ville car il y a un mur qui sépare les deux quartiers. Celui des catholiques et celui des protestants. C'est un peu Berlin en plus petit. Le quartier de "Falls road", la rue qui traverse l'ouest de la ville est catholique et celui de "Shankill road" la rue qui traverse l'est, dominée par des "loyalistes" protestants, pro britanniques. Ce sont deux mondes qui ne se rencontrent jamais, qui ne se connaissent pas sauf dans l'intention d'attaquer l'ennemi. Les lynchages à la sortie des établissements sont courants. La haine est présente dans les deux camps. J'apprends cela malgré moi, même si je ne m'y suis jamais intéressée.

D'autres fois, je prendrai le train pour aller à Belfast. Le parcours est moins agréable mais la ligne dessert d'autres quartiers dans lesquels j'aime me promener. J'aime le quartier des Jardins Botaniques tout près de

Queen's University. C'est le quartier des étudiants et des petits "coffee shops" ou "tea shops" peu onéreux. Queen’s University, anciennement Queen’s College, Belfast, faisait partie des quatre universités construites en Irlande par la couronne britannique, lorsque l’île appartenait tout entière au royaume, bien avant que l’Irlande ne soit partagée en 1921, avec la République d’Irlande au sud indépendante et l’Ulster au nord.

L'autre quartier de Belfast que je visiterai c'est celui des docks. C'est bien sûr un endroit glauque, abandonné où siège le marché aux puces. Ce quartier où siégeait le plus grand port d’Europe a vu le fameux Titanic se construire avant de couler tragiquement en 1912. Cette partie de Belfast industrielle et ouvrière de la période victorienne sera entièrement transformée après les "accords de paix" en 1998, et deviendra de nouveau un quartier vivant et culturel. Un musée du "Titanic" prendra sa place. Les quais seront revalorisés.

Les années précédentes, les attentats y étaient quotidiens, la police et l’armée ne se déplaçaient qu’en véhicules blindés, les milices protestantes tuaient aveuglément des catholiques innocents, et l’IRA elle-même menait une campagne très dure et très violente. Tout cela appartient, fort heureusement, au passé.

***

Les médias m’apprennent que Margaret Thatcher sera en visite en septembre pour féliciter les membres de l’UDR – Ulster Defence Regiment – un régiment de l’armée britannique, pour leur courage. Mais j’en reste assez détachée…et pourtant…

Un jour, en prenant tranquillement un thé dans un KFC, je suis victime d'un attentat. Je n'y crois pas. Pourtant, il y a un jeune dans une voiture près de l'entrée du KFC prêt à lancer une grenade et deux hommes armés qui nous demandent de nous coucher par terre. Les gens hurlent de peur. Avec une autre personne, j'aide à recouvrir d'une chaise les personnes allongées. Je ne réfléchis pas. Je n'ai pas peur. La mort ne me fait pas peur. Étrange sensation. Je ne me souviens pas combien de temps a duré ce moment. Peut-être un quart d'heure, vingt minutes... jusqu'à ce que la police arrive et neutralise ce jeune homme de 17 ans et ses deux copains. C'était un jeune fanatique.

Nous avons eu de la chance. Soit il a eu peur de lancer sa grenade, soit elle n'a pas fonctionné.

Je sors du KFC, la police encore présente. Je me dirige vers la gare routière. J'ai au moins une heure et demie de retard et je ne peux pas prévenir les Mc Kendry. Je sais qu'ils vont s'inquiéter, je suis toujours très ponctuelle. Ce moment passé dans le KFC a dû être plus long que je le pensais.

Je rentre dans le bus et me mets à trembler comme une feuille. Je réalise d'un seul coup ce qui vient de m'arriver. J'ai hâte de rentrer à Antrim.

J'arrive chez les Mc Kendry qui m'attendent pour le "tea". Je leur explique. Ils sont désolés et ont honte. Honte de leur pays. Le fils aîné vient même discuter avec moi, il est navré de ce "bad bother" comme il dit.

Je réalise enfin que je vis en Irlande du Nord avec cet aspect que j'avais peut-être occulté et que je vis de l'intérieur dorénavant.

***

Au bout de quelques semaines, je m'inscris dans un cours d'allemand le soir à l'Antrim Forum, sorte de maison des associations. En m'inscrivant, la direction me demande si je peux donner des cours de français pour le Forum à des adultes. Je suis agréablement surprise de cette proposition et acquiesce immédiatement mais je les informe que je dois m'absenter une semaine pour passer des examens à Paris. On me répond qu'ils m'attendront parce qu'il n'y pas de Français à Antrim.

Pendant ce cours d'allemand, je rencontre un jeune homme très intéressé par le français et qui vient me parler, il s'appelle Andrew. Il est très respectueux, assez petit, blond aux yeux bleus, un visage aux traits d'un personnage de dessin animé. Un visage très mobile. Vulgairement, "une bouille rigolote". Il est drôle et respire la vie. Il a une voiture et peut me véhiculer. À partir de ce moment-là, toutes mes sorties en Irlande du Nord graviteront autour de ses disponibilités. Je suis étonnée de sa gentillesse et de sa serviabilité. Il est au chômage comme 18% de la population en Irlande du Nord, mais travaille en emploi "d'utilité publique" à Parkhall High School pour avoir 10% d'indemnités supplémentaires. Il n'a jamais aimé l'école mais s'intéresse à tout, il a une culture assez étendue. Il est issu du milieu ouvrier. Le père a souvent été absent et je pense qu'il a dû être responsable très jeune. À Parkhall, une assistante espagnole apparait en octobre, elle s'appelle Aurora.

Nous allons devenir amies et le sommes toujours d'ailleurs. Andrew nous propose des sorties dans les pubs, dans certains quartiers de Belfast voir des monuments inaccessibles par les transports avec une vieille voiture qui tombe en panne souvent, sans radiateur et qu'il répare lui-même. On lui propose de payer l'essence mais il refuse alors on lui paie un verre. Contrairement à ses amis, il ne boit pas d'alcool.

Il a une petite amie : Evlyn. Elle est charmante. Un jour ils se sépareront mais malgré mes attentes, eh bien non, je ne prendrai pas sa place... c'est bien dommage…

***

Avec Aurora, jeune femme de mon âge, très brune, bien en chair, aux gestes un peu lents mais extrêmement sociable, nous visitons quelques villes ensemble. Elle m'accompagnera même chez mon amie Noémie au sud de Dublin à Bray. Elle déménagera à Belfast car elle est affectée sur deux établissements très éloignés l'un de l'autre et elle aime la ville, Antrim est trop calme pour elle.

Mes propriétaires sont de véritables perles. Je les apprécie chaque jour un peu plus. Une fois, je me souviens être rentrée très tard ou plutôt, être rentrée tôt le matin chez les Mc Kendry et j'avais oublié ma clé. Je ne savais plus comment faire. Je suis restée derrière la porte un temps infini. J'ai fini par sonner. J'avais peur de me faire disputer, comme une petite fille qui a fait une bêtise, je devais en être blanche. Et puis, Kathleen est venue m'ouvrir, les yeux gonflés de sommeil et me fait un grand sourire. Je me confonds en excuses d'avoir oublié ma clé, de l'avoir réveillée en pleine nuit... et elle me demande si j'ai passé une bonne soirée, elle est contente pour moi... je suis stupéfaite. Non, seulement, elle ne me réprimande pas mais en plus elle est contente pour moi. Je me suis amusée et c'est le principal. Je n'ai jamais connu cela avant. J'ai l'impression qu'on m'aime.

***

Je repars à Paris pour passer deux partiels de DEUG, je n'en obtiendrai qu'un sur deux. Il faut bien que je l'obtienne ce DEUG.

Mes amies Nathalie et Valérie qui m'hébergent sur Paris me font une incroyable surprise : elles m'emmènent voir Francis Huster au théâtre pour "L'étranger" de Camus. À l'époque, je suis une inconditionnelle de Francis Huster. À la fin du spectacle je vais le voir et imagine qu'il va être odieux et pédant. À ma grande surprise, il est très simple. Il me pose même des questions personnelles ! Je lui dis que j'enseigne en Irlande du Nord et que j'aimerais bien que mes élèves entendent un peu parler de lui. Il me donne plusieurs affiches et en dédicace une pour les élèves d'Antrim. Il va même me demander quelle formulation je souhaite leur enseigner... je n'en demandais pas tant. Je le trouve très bien cet acteur et beaucoup plus sympathique que je l'avais imaginé !

Je n'avais qu'une envie, repartir à Belfast.

Mon amie Nathalie me dit qu'elle viendra me rendre visite au printemps suivant à Antrim.

Quand je rentre, les Mc Kendry m'attendent. Ils me demandent si j'ai réussi mes examens.

Mes parents ne savent pas que je suis revenue en France pour une semaine, je me suis bien gardée de le leur dire sinon, j'aurais eu du chantage et des reproches. Surtout de la part de ma mère.

Je vais au Forum pour prendre mon poste d'enseignante de français pour les adultes. Malheureusement, on me dit qu'il a été pourvu par une Française. Je suis dans une colère folle. Il n'y a pas de Française à Antrim, on me l'a assez dit.

Quelques jours plus tard, une élève de Parkhall vient me voir et me parle français. Elle s'appelle Corinne. Elle me dit que sa mère est française et qu'elle fait des remplacements dans l'établissement quand il y a des besoins. Elle est là ce jour et je la rencontre en salle des profs. Elle vient me saluer très gentiment et se présente, Catherine. C'est une assez grande femme bien plantée, les yeux bleus des cheveux courts, ondulés avec un franc-parler qui me plait énormément. Elle me dit qu'elle est contente, elle a trouvé un emploi au forum. Je lui réponds : "Ah, c'est donc toi qui m'as pris mon boulot !".

Nous sommes devenues de grandes amies pendant ce séjour. Notre relation a été de la plus haute importance pendant cette période.

Catherine est tellement heureuse de rencontrer une Française à Antrim qu'elle m'invite chez elle aussitôt. J'en parle à Kathleen et elle me dit qu'elle la connait parce qu'elle et son mari avaient ouvert un magasin de surgelés dans les années 1980 mais ça n'avait pas marché.

Catherine et sa famille habitent un logement HLM dans les hauteurs d'Antrim pas très loin de chez Andrew. La rue sent la tourbe qui émane des cheminées. Les logements sociaux d'Antrim ne ressemblent en rien aux nôtres en banlieue parisienne. Les locataires disposent d'une maison avec son "front garden" et son "back garden". Une cuisine, une arrière-cuisine, une salle de séjour et des chambres à l'étage, ce sont des "cités jardins". Les gens ne vivent pas les uns sur les autres. Il y a de l'espace, il y a si peu d'habitants en Irlande du Nord !

Catherine est mariée à Padraic Hughes (homonyme d'un terroriste de l'IRA !) et a trois enfants : Corinne, 11 ans, Chiaran 8 ans et Niall 3 ans. Elle est arrivée en Irlande du Nord dans les années 70 de son plein gré dans le cadre d'un poste d'assistante de langue. Les conflits nord-irlandais étaient le sujet de son mémoire pour sa maîtrise d'anglais à la fac de Nanterre. Elle a rencontré Padraic un catholique d'origine mais athée et elle est restée en Irlande du Nord. Ensuite, ils sont allés vivre en France, à Paris où Corinne est née. Padraic gérait un magasin Felix Potin et Catherine donnait des cours d'anglais. Le frère de Padraic a proposé d'ouvrir un magasin de surgelés à Antrim et c'est ainsi qu'ils sont repartis en Irlande du Nord. L'affaire n'a duré que deux ans, le marché du surgelé n'était pas encore à la mode et de plus ils diffusaient de la musique classique et cela ne plaisait pas aux clients. Mais j'imagine surtout qu'ils étaient sans doute trop idéalistes pour avoir le sens du commerce.

Quand je les rencontre, Padraic est au chômage, comme beaucoup. Il fait des petits boulots illégaux comme des paris pour des courses de chiens. Catherine fait des remplacements dans les établissements d'Antrim, des surveillances et essaie de trouver à donner des cours de français pour des adultes.

Finalement, je suis vraiment très contente qu'elle ait pu avoir ce travail, elle a en a bien plus besoin que moi qui n'ai pas de famille.

Malgré les problèmes financiers, il y a beaucoup de joie dans leur foyer. C'est vivant. Je suis très souvent invitée à manger. Catherine est très contente d'avoir une Française avec laquelle elle peut échanger. J'en suis gênée en raison de toute l'attention qu'elle m'accorde. Nous parlons de tout : famille, culture, politique, linguistique. Le mode de vie des Nord-Irlandais. C'est très enrichissant.

C'est Catherine qui m'explique "ses trois premières années de grâce" en Ulster. Arrivée au début des années 70, elle n'a pas eu de difficultés à renouveler deux fois son contrat comme assistante de français en pleine période du "Bloody Sunday", il n'y avait pas beaucoup de demandes ! Lorsque l'armée britannique s'est attaquée le 30 janvier 1972 à des civils lors d'une manifestation pacifique, elle a tué quatorze personnes à Derry, dans le quartier du Bogside. La fin des années 60 avait vu la situation se dégrader mais les années 70 ont été les plus sanglantes.

Comme je l'avais prévu, je pars à Dublin quand je le peux. Je suis hébergée chez Noémie à Bray. Elle et Chris préparent leur mariage. Je l'accompagne dans les magasins de robes de mariées pour faire ses essais. C'est amusant. Je la prends en photo. Elle est radieuse.

Noémie travaille à l'Alliance française de Dublin. Il y a souvent des soirées entre enseignants de l'Alliance et je m'y joins comme si j'étais des leurs. C'est sympathique mais très intellectuel. Cela me fait drôle de voir autant de Français réunis à Dublin. J'aime toujours autant Dublin mais je préfère presque le calme qui règne à Antrim et de ne pas être entourée de plus de Français. Comment parler de calme alors que les attentats divisent les gens de ce pays ? Pourtant si, le calme et la sérénité me traversent.

Je ne regrette absolument pas d'être partie en Irlande du Nord.

Mémé !

Un soir le téléphone sonne chez les Mc Kendry. Kathleen m'appelle, c'est pour moi.

J'entends la voix pas très nette de ma mère. Elle a bien bu, mais elle est assez consciente pour me dire : "L'heure est grave. Ta grand-mère est enfin morte".

Elle m'annonce cela comme un heureux évènement de son point de vue. Ma grand-mère paternelle, Valentine, sa rivale, a fermé les yeux.

Je n'irai pas à l'enterrement, c'est trop juste et je viens de m'absenter pour des examens.

Ma soeur m'envoie une lettre. La seule que je n'ai jamais reçue d'elle. Je n'en recevrai à l'avenir pas d'autre. Elle me fait partager son chagrin. Elle est triste. Moi, je reste choquée de la manière dont ma mère m'a annoncé la nouvelle. Ce n'est pourtant pas la première fois qu'elle agit de cette manière.

Je me sens si bien chez les Mc Kendry.

***

Début décembre, je tombe malade. La grippe sévit et elle est beaucoup moins bien soignée en Irlande du Nord qu'en France. J'entends à la télévision que beaucoup de gens en meurent chaque semaine.

Comme j'ai très mal au dos, je vais voir le médecin. Je suis dotée de ma "medical card" (notre carte vitale actuelle en France) et je ne paie pas le médecin, tout est pris en charge. Les médecins sont tous concentrés dans un grand centre médical, ce qui n'existe pas encore en

France. Chaque patient a un rendez-vous toutes les cinq minutes.

Je me retrouve dans un cabinet où le médecin me demande de m'asseoir. Je lui explique que j'ai mal au dos et il me dit qu'il va m'ausculter. En bonne Française que je suis, je me dévêtis mais le médecin semble choqué et me suggère de me rhabiller... Il pose le stéthoscope sur deux épaisseurs de vêtement. J'imagine qu'il n'entend rien. Il ne m'ausculte pas plus que ça. Il n'a que cinq minutes par patient. Il me prescrit du paracétamol et un sirop pour la toux alors que je ne tousse pas.

Je vais chercher les médicaments à la pharmacie qui se trouve au fond d'un grand centre de cosmétiques. Je ne paie pas. Je rentre chez les Mc Kendry, courbaturée de partout. Je prends du paracétamol et je me couche.

À midi, Kathleen qui ne rentre jamais revient exprès pour prendre de mes nouvelles et me soigner s'il le faut... Comment est-ce possible ? Je ne suis pas sa fille et elle s'inquiète pour moi. Je n'ennuie pas Kathleen en étant malade et elle ne m'en veut pas de l'être. Elle me demande si je veux du thé ou une soupe, si j'ai besoin de quelque chose. Je ne sais comment la remercier. J'en ai les larmes aux yeux.

Elle repart très vite à la crèche.

Depuis que je vis chez les Mc Kendry, j'ai le droit de prendre une douche chaque jour, de laver mon linge quand je le souhaite. Je n'ai jamais connu cela avant. Chez mes parents, je ne pouvais me doucher et laver mon linge qu'une fois par semaine car l'eau c'est précieux et ça coûte cher et de surcroît ça use le linge et la peau. Je peux également utiliser toute sorte de serviettes ou draps de bains. Tout cela est nouveau pour moi.

Dans les foyers irlandais, il y a des cosmétiques plein les salles de bains. Chez nous, seuls une savonnette trône sur son porte savon et un shampoing, le moins onéreux possible prend place sur le rebord de la baignoire. Baignoire qui ne sert qu'à John, mon neveu parce qu'il est jeune, il en a le droit. La baignoire, c'est fait pour les enfants, pas les adultes.

Je dois m'arrêter de travailler une semaine pour cette grippe qui m'abat. Je reprends quelques jours avant de repartir pour la France en cette fin décembre. Une enseignante me demande avec fierté d'enseigner le chant de Noël "Il est né le divin enfant" à ses élèves. Elle pense me toucher, je le sens, parce que c'est un chant religieux de Noël typiquement français mais je suis de nouveau mal à l'aise car je n'en connais pas les paroles, je ne les ai jamais apprises. On ne chante pas ce genre de chant dans ma famille ou bien si, mais souvent transformé. Le compagnon de Mémé m'avait appris cette version : "Il est né le divin enfant, tourne ton cul que j't'arrache une dent". Je demande à cette enseignante d'attendre une journée ou deux, qu'il faut que je revoie les paroles. Bien sûr, elle accepte. Ouf ! Je lui demande si elle a le texte car où le trouver ici en Irlande du Nord ? J'apprends donc pour la première fois la vraie version de "Il est né le divin enfant". Je le chante avec les enfants le lendemain. Cela se passe très bien et l'enseignante est ravie, me remercie chaleureusement.

Je m'aperçois petit à petit qu'il me manque une instruction religieuse et cela me jouera des tours plus tard lors de mes études de textes.

***

Depuis quelques semaines également, je chante dans la chorale d'Antrim sans éducation musicale ou presque. J'apprends à connaitre la musique sacrée, les requiem. Le chef de choeur est fier d'avoir une Française dans sa chorale et moi, je découvre. Cela me plait.

Avant de partir en France, je prépare un repas français à mes hôtes: escalopes de dinde marinées dans du vin blanc et de l'huile d'olive avec une sauce à la crème et champignons frais poêlés. Des pommes de terre sautées. Ils ont un respect notable pour ce que je leur confectionne et m'aident à servir au plus près de moi.

Une fois tout le monde servi, je vois Eamon prendre la HP sauce qui trône en permanence sur la table lors des repas ainsi que le ketchup. Il verse une bonne giclée de HP sauce par dessus son escalope recouverte de sauce à la crème et là, je ne peux m'empêcher de pousser un petit cri tout en me calmant... il me regarde et comprend qu'il a fait quelque chose qu'il ne faut pas faire. Je lui souris gentiment et lui explique qu'en France (à cette époque encore !) quand on a déjà une sauce cuisinée, on n'a pas besoin d'ajouter d'autre sauce comme on le fait ici. Il se confond en excuses et je lui dis que sa réaction est normale qu'il ne peut pas connaitre les habitudes alimentaires françaises.

Je suis anxieuse à l'idée d'aller chez mes parents à Pa Pi Ja. Je n'y resterai que trois jours en dehors de Noël. Je ne veux plus passer un seul Noël chez eux. C'est terminé.

Je me partage entre les foyers accueillants de mes amies.

Je passe une soirée chez ma soeur et mon beau-frère qui me demandent si j'ai enfin un "mec" dans ma vie.

Je fuis.

Je profite de ce séjour en France pour acheter un dictionnaire des symboles pour expliquer la fève dans la galette, la fête des rois en France. J'achète un tas de petits cadeaux pour mes hôtes, pour Catherine et sa famille et pour mes élèves. J'affine mes connaissances du monde français et francophone.

Je me réjouis tant de repartir dans ce bain de bonheur où pourtant, les attentats et les blindés affluent. Quelle contradiction...

Dès que je rentre en Irlande, je rentre chez moi.

***

Catherine m'invite chez elle dès mon arrivée début janvier. Elle m'annonce qu'elle a enfin eu une place en hôpital pour que leur dernier enfant Niall, puisse se faire opérer des amygdales et des végétations. La demande a été faite il y a dix-huit mois. Le système médical est très défectueux en Irlande du Nord, j'ai l'impression d'être au

Moyen-Âge ou tout au moins de remonter cinquante ans en arrière, ainsi qu'était la France. J'ai une amie pharmacienne qui m'envoie des médicaments à la demande, elle les insère dans des magazines épais dans l'enveloppe car il est interdit d'en envoyer à l'étranger.

J'invite mes amies et elles viendront. D'abord la nièce de mon amie Nathalie. Elle a 15 ans et souhaite perfectionner son anglais. Nous visiterons un bon nombre de sites avec Andew si disponible et Aurora. C'est le bonheur, je fais découvrir mon lieu de vie comme si j'y avais toujours vécu et j'en suis si fière. Les paysages défilent devant moi les uns après les autres avec une profondeur que je ne retrouverai jamais ailleurs sauf peut-être dans certains paysages du Québec quinze ans plus tard et en Normandie en "petite Irlande" dans le Cotentin.

Ensuite, c'est Nathalie qui viendra à Pâques. Comme je suis invitée au mariage de Noémie à Bray au sud de Dublin, elle vient avec moi. Cela lui permet de visiter un peu le nord et ensuite Dublin. Nathalie ne me reconnait pas, elle me trouve épanouie et détendue.

Je vis ma vie. Ma vraie vie, une vie que je n'ai jamais vécue comme cela avant, avec autant d'intensité, d'authenticité de ma part. Je ne rencontre pas d'hostilité et pourtant la région est en guerre. Je ne le comprends pas. Je ne comprends pas ces clivages religieux, pour moi, ça n'a aucun sens.

Cette vie-là néanmoins, me remplit de paix et de sérénité.

J'ai dans l'ensemble, un bon contact avec les élèves. Ceux avec lesquels j'ai le plus de souvenirs sont ceux que je prépare pour l'oral de français, les premières et terminales. Il me faut les faire converser sur des thèmes imposés comme la drogue, le massacre des bébés phoques, le mariage... Je reprends les textes qu'on leur donnait et complète par des chansons de variété de Jean-Jacques Goldman, Téléphone ou articles de journaux. C'est ainsi que je leur fais apprendre la chanson de Goldman "Elle a fait un bébé toute seule". Les élèves adorent le rythme américain de la chanson mais au fur et à mesure qu'ils comprennent les paroles, je les vois choqués surtout quand le chanteur dit : "puis son gamin, c'est presque le mien, sauf qu'il a les yeux bleus". Je sens que je vais trop loin et pourtant, les familles monoparentales existent en France et en Irlande mais les propos sont immoraux. Suite à cette chanson, j'ai une discussion avec les enseignants qui me font comprendre qu'il ne faut pas "pervertir" la jeunesse... je leur parle de philosophie et leur demande pourquoi il n'y a pas de cursus de philo dans ces établissements. On me répond que ces élèves sont trop stupides pour comprendre la philosophie. Je commence à m'insurger et dis que personne n'est stupide et que tout n'est qu'une question d'éducation. Je comprends très vite qu'il ne faut pas insister. Je réalise que je suis française et que l'éducation et l'instruction sont bien différentes hors de mon pays. En fait, cela m'amuse et je provoque souvent les enseignants qui n'ont pas la liberté de pensée que nous avons en France.

Certains moments passés avec les élèves sont difficiles à relater car ils sont de l'ordre de l'oral. Il en est un que je vais essayer d'écrire. Un jour, un de mes élèves vient me voir à la fin de la séance et me dit : "Miss, meurwd !!!". Je comprends immédiatement ce qu'il veut me dire mais je feins de ne pas en saisir le sens. Je le fais répéter par conséquent. Au bout de trois fois, je lui dis que j'ai l'impression d'entendre une vache meugler. Je lui dis que s'il veut insulter un Français décemment, il doit bien le prononcer sinon, on va se moquer de lui et il aura l'air ridicule. L'élève se sent un peu "bête"... je lui apprends à prononcer les cinq lettres correctement en lui disant que c'est le même son que "t'aime" dans "je t'aime". Et je lui fais prononcer le mot "mère puis "père"... en voulant m'insulter, il a eu une belle leçon de phonétique. Après cet épisode plutôt sympathique, il venait toujours me dire au revoir à la fin de chaque séance...

Ce que je n'oublie pas, ce sont ces réponses aux questions habituelles:

"qu'est ce que tu as fait ce week end ? ou bien qu'as tu fait pendant les vacances ?" Je recevais des :

- j'eille laveil la voatiourw de mon pèeur

- j'eille voyagé sur l'avion

- j'eille voyagé sueur le train

- je souis allé à la lèche-vitrine...

On ne peut mieux apprendre la structure de la langue anglaise en enseignant une langue étrangère dans un pays anglophone !

Ces phrases franglaises résonnent encore dans ma tête comme si c'était hier. Que du bonheur.

Et je leur réponds toujours avec ironie que s'ils voyagent sur l'avion en français ils vont avoir très froid ou bien qu'ils vont mourir de même que sur le train ! Et je m'amuse.

***

Tout au long de cette année scolaire, les chefs de département de français et profs m'invitent chez eux et me sortent.

C'est ainsi que je suis invitée chez Mr Wilson de Antrim Grammar School. De tous les profs, c'est celui qui se démarque le plus par son français parfait. Il me pose même des questions de grammaire auxquelles je ne peux répondre mais que j'élucide très rapidement. C'est un jeu, un défi entre nous.

Je viens donc un dimanche après-midi chez lui. Il habite un quartier plutôt correct d'Antrim dans une rue ornée d'amples maisons. Quand la porte s'ouvre, je découvre un univers sombre et austère. Sa femme qui semble soumise a fait du "pain perdu" français pour le "tea". Les meubles sont démodés et les fauteuils vieux et élimés. Tout est bien rangé, organisé.

Mr Wilson se fait servir comme un prince par sa femme qui parle peu. Il me demande de quelle confession je suis. Je lui réponds que je suis catholique par le baptême mais que je n'ai reçu aucune instruction religieuse et que je ne pratique pas. Je suis athée.

Il me dit qu'il est baptiste. Je ne connais pas les baptistes. Je réalise vite que cette religion est sectaire. Mr Wilson est très autoritaire. La famille a fait voeu de pauvreté mais de par son statut de chef de département je sais qu'il gagne bien sa vie et qu'ils ne sont pas pauvres. Il me propose de venir les rencontrer à l'église, leur église. Comme je suis curieuse, cela me tente. J'irai un jour mais en ressortirai très rapidement. Une sensation de quelque chose de malsain, de poisseux.

Ensuite Tiffany, ma responsable, ma "chef" comme je l'appelle, m'emmène visiter "l'American Folk Park" à Omagh, dans la région des Sperrins. C'est un musée à ciel ouvert sous la forme d'un village reconstitué. Deux millions de personnes partant vers États-Unis, relatant ainsi trois siècles d'émigration nord-irlandaise aux XVIIIème et XIXème siècles. Ce parc souligne la différence économique entre les deux confessions, la condition sociale inférieure des familles catholiques en particulier. Je m'intéresse vivement à ce musée d'une grande richesse historique montrant la grande pauvreté des uns et l'ascension sociale des autres, en arrivant dans le nouveau monde… La reconstitution du village de Pennsylvanie à l'arrivée des immigrants me fait penser au décor de "La petite maison dans la prairie"…

La ville d'Omagh sera malheureusement le théâtre d'un attentat particulièrement meurtrier (29 morts et 220 blessés) le 15 août 1998, perpétré par un groupe dissident de l'IRA, en opposition aux accords de Paix, signés quatre mois plus tôt.

De son côté, Paddy m'emmène déjeuner dans un magnifique restaurant très sobre dominant une falaise en bord de mer. Je mange du saumon en "steak" pour la première fois. Je me régale. Je me délecte également de cette vue imprenable sur les collines vertes arrosées abondamment pas la pluie devant nous. Quelle paix, quelle joie intérieure cela génère en moi.

***

Les responsables des assistants de langue nous réunissent à Ballymena au nord d'Antrim. Ce moment est très convivial et on nous fait faire des jeux de rôles. Certains conseillers ont besoin de nous pour faire des sketchs à faire écouter aux élèves et cela motive les assistants. Une conseillère détachée en Irlande du Nord, mais faisant partie de "l'education board" de Londres nous demande individuellement si nous souhaitons renouveler une année d'assistanat en Irlande du Nord. Si tel est le cas, elle nous dispense une lettre de recommandation pour l'année suivante. Je postule immédiatement. Je demande un dossier à la fac de Villetaneuse pour renouveler une année. J'aurai une réponse positive en juin.

Je fais la connaissance de Florence et de Dominique que je retrouverai l'année d'après. Avec Florence, nous faisons des randonnées lorsque le temps le permet. Nous ferons les Mourne Mountains en mai et aurons une insolation ! Nos hôtes et amis irlandais ne nous croiront pas : avoir une insolation en Irlande, c'est impossible ! Nous irons également à Rathlin Island, une île maintenant devenue un sanctuaire d'oiseaux. Nous logerons chez un ancien colon africain qui a transformé une partie de sa maison en auberge de jeunesse. Une femme alcoolique nous fera visiter une partie de la côte nord. Quelle imprudence... mais je suis certaine que Florence y repense encore. C'est un bon souvenir.

***

Je ne connais pas la Chaussée des géants avant d'aller dans le nord de l'Irlande. À part le Connemara connu par la chanson de Michel Sardou ou Galway par "Le taxi mauve" de Michel Déon, je n'ai jamais entendu parler de la Chaussée des géants. Cette année-là, j'y suis allée trois fois. Je découvre un joyau que je n'estimais pas. Je me demande encore pourquoi valoriser le sud de l'Irlande et pas le nord ? Je trouve cela injuste.

De loin, la Chaussée des géants ressemble à un grand orgue volcanique. C'est grandiose, inhabituel, "inhumain". Si je dis "inhumain", c'est que je considère que l'humain n'aurait pas pu imaginer plus belle merveille. C'est une merveille de la nature constituée de basalte. Un volcan qui s'est figé au fur et à mesure de son ascension.

D'après la légende, cet endroit aurait été construit par le géant Finn Mc Cool pour permettre à son rival écossais de venir le défier en combat singulier... Une autre légende dit que lorsque le géant écossais arriva en Irlande, son adversaire s'était transformé en bébé. Voyant sa taille, il imagina la stature de son père, prit peur et repartit en courant, détruisant une partie de la Chaussée. Il a fallu attendre le XIXème pour connaitre l'origine de ce dallage gigantesque datant de plus de 40 millions d'années !

Au fil des mois, je me glisse dans les légendes, dans l'imaginaire de cette Irlande alors que j'ai toujours résisté aux "histoires" qu'on me racontait à l'école ou que ma mère essayait de me faire croire. Pour moi, ça ne tenait pas debout et je trouvais cela stupide parce que je savais que ce n'était pas la réalité. Je ne sais vivre que dans du concret, je ne laisse aucune place à mon imaginaire car je dois tout maitriser dans mon quotidien. Là, le décor étant tellement légendaire par lui-même, je trouve un sens aux "histoires", une certaine authenticité. Elles collent au pays et aux habitants.

Je commence à laisser mon imaginaire vagabonder.

À la fin de cette année scolaire, j'écris des poèmes.

***

À Parkhall High School avec Tiffany et Paddy, nous partons pour un mini camp dans une structure adaptée. Le but est de "cultiver" les élèves, de les initier au français de manière culturelle et ludique. Parkhall est un établissement qui accueille une majorité d'élèves de familles défavorisées. C'est un projet important pour Parkhall et les enseignantes de français organisent les activités. Je suis bien entendu, invitée à y participer activement, ce que je fais avec coeur. Paddy me demande de venir l'aider chez elle à cuisiner un bourguignon et une ratatouille. C'est un vrai plaisir. Sa cuisine est si grande et si bien équipée qu'il est facile de cuisiner sans se gêner.

Le séjour dure deux jours et a lieu à Ballycastle, une ville de la côte nord non loin de la Chaussée des géants. Il pleut à verse pendant les deux jours. Les activités se font lourdes et les élèves n'apprécient pas les mets qu'on leur a préparés. Pour moi, c'est un échec. Au retour, je discute avec le principal de l'établissement et je lui dis que cela aurait pu être "mieux". Alors il me demande en quoi. Je lui fais part de mon impression que les élèves n'ont rien retenu et qu'ils n'avaient que faire du français, de la culture française. Il me dit qu'on ne peut jamais faire mieux mais qu'on fait "bien" et que c'est déjà pas mal... je constaterai huit ans plus tard ces mêmes impressions dans le nord de Paris avec des élèves de milieu défavorisé...

Je me souviens d'avoir fait une promenade avec Tiffany sur le port de Ballycastle pour faire une pause pendant ce mini camp, sous un ciel gris et une pluie battante où le vent était si fort qu'on ne pouvait s'entendre parler mais c'était drôle, on en riait...

***

En juin, je dois repartir et attendre la réponse de l'université pour une deuxième année en Irlande du Nord. Je sais que l'avis est favorable et que vu le nombre si peu élevé de demandes, j'ai de grandes chances d'y retourner mais je ne sais pas et je suis angoissée, triste.

Je quitte les Mc Kendry quasiment la mort dans l'âme et je pèse mes mots. Kathleen pleure aussi, me prend dans ces bras et me rassure, me dit que je reviendrai dans deux mois.

Eamon m'accompagne à l'aéroport et pleure aussi.

Valérie vient me chercher à Roissy. Je vois mes amies sur Paris et pars pour la Normandie. J'appréhende. J'angoisse.

À Pa Pi Ja, juillet 1990

Mon père vient me chercher à la gare de Coutances. Il est bien sûr très heureux de me revoir. Nous nous dirigeons en voiture vers Regnéville sur mer. Cela fait un an qu'ils habitent cette petite maison. Je ne sais dans quel état je vais trouver ma mère. Je voudrais presque faire demi-tour mais je suis là.

Nous arrivons à Pa Pi Ja. Je rentre dans la maison et elle sort de la cuisine, elle vient probablement de cacher son verre de vin quelque part, dans un coin, dans un placard. Comme d'habitude, elle titube, elle n'est pas coiffée, mal habillée. Ses lunettes sont sales. Je m'approche d'elle en retenant ma respiration et l'embrasse sans aucune tendresse, je ne peux pas. Elle ne me demande pas comment je vais et je ne lui demande rien non plus. Nous déjeunons. C'est mon père qui se déplace le plus. Ma mère erre entre la cuisine et la salle de séjour sans s'asseoir. Elle mange peu à table car elle est déjà remplie de liquide. Elle n'a jamais faim. John me pose des questions, il est content de me voir, moi aussi. Je sais qu'il repartira dès la fin du repas, il a quinze ans.

Le repas terminé, ma mère commence à vociférer, me reproche mon absence, m'insulte et finit par me traiter de "salope". John, empoigne je ne sais quoi sur la table et lui envoie dans la figure. Mon père ne dit rien. Il reste passif comme il l'a toujours été.

Je ne m'adresse même pas à ma mère, je vais chercher mon sac de voyage même pas encore ouvert et demande à mon père de m'emmener chez mon cousin Paul.

Je ne veux plus me faire insulter pour rien. Cela m'est absolument insupportable.

Mon père s'exécute, ma mère continue à vociférer et continue à me traiter de "salope".

Nous entrons dans la voiture, mon père me dit : "tu la connais ta mère pourtant, pourquoi tu t'en vas ?" et de répondre : "oui, justement je la connais et c'est pour ça que je m'en vais, je la connais trop. Papa, deux heures seulement à la maison et elle me traite de salope, c'est normal ça ?".

Mon père est sidéré, il ne me reconnait pas. Je ne me suis jamais rebellée jusqu'à aujourd'hui.

Il me dépose chez Paul qui ne sait pas que j'arrive mais m'avait proposé de m'héberger au cas où...

Mon père tentera de me téléphoner. Comme j'ai besoin d'une voiture et que Paul est garagiste, mon père m'offre une voiture d'occasion, une vieille Ami 8 à 500 francs. Il me dit qu'il a disputé ma mère pour ce qu'elle m'a dit et qu'il veut que je revienne. Je trouve un emploi de caissière à Intermarché à Coutances et démissionne au bout de trois semaines car un emploi m'attend au cetelem à Neuilly pour le mois d'août. Je ne cède pas. J'accepte une invitation à déjeuner mais là encore, ma mère me dit en arrivant à Pa Pi Ja : "il parait que tu tiens la pompe maintenant au garage de Paul ?" Je ne réponds pas mais les insultes reprennent et je pars de nouveau avec ma voiture. Je ne reviendrai qu'une fois avant de partir sur Paris, juste pour leur dire au revoir. Ensuite, je ne leur donnerai quasiment plus de nouvelles pendant des mois. Je ne pourrai plus.

Pendant ces trois semaines, Paul profite de ma vulnérabilité et me soudoie de l'argent mais ça c'est encore une autre histoire...

Fin juillet, je reçois enfin mon affectation pour un nouveau poste d'assistante : je serai à Belfast à Wellington College, un très grand établissement. L'idée de repartir me réconforte.

En août, je suis hébergée chez ma soeur et mon beau-frère. Je leur rends service parce qu'ils partent en vacances et que je peux garder leur maison et nourrir leur chat. Je travaille au service courrier, travail à la chaine. L'ambiance y est sympathique mais le travail est très fatigant et très bruyant. Je fais deux malaises de fatigue dans le mois. Je prépare mon départ pour Belfast en passant comme d'habitude à Dublin pour rendre visite à Noémie et Pauline. J'ai téléphoné à ma responsable de Wellington College mais elle ne semble pas aussi sympathique que Tiffany.

Ma soeur et mon beau-frère reviennent de vacances en journée. Quand je rentre chez eux le soir, ils me laissent pêle-mêle le peu de choses que j'avais laissé trainer, selon eux, dans la cuisine. Mon beau-frère est d'une maniaquerie maladive. Pendant mon séjour chez eux, j'avais confectionné gâteaux et petits plats que j'avais congelés afin de les remercier de leur hospitalité mais ma soeur me dit qu'ils n'y toucheront pas car ils n'aiment pas ce que je fais...

Il est temps de repartir en Irlande et je ne tarde pas.

Partie II

Belfast, fin août 1990

J'arrive à Belfast par mes propres moyens car personne ne m'attend. Ma responsable a réservé une chambre universitaire au campus de Queen's University. Je dois me trouver un logement car je n'en ai pas. J'épluche toutes les petites annonces jusqu'à ce que Dominique que j'avais rencontrée à Ballymena quelques mois plus tôt me contacte. La petite amie de son propriétaire de l'an passé habite Belfast et loue une chambre mais elle a un berger allemand et Dominique en a peur. Heureusement, je n'ai pas peur des chiens et je prends la chambre. Je ne resterai donc que 3 nuits au campus.

Je prends possession de ma nouvelle demeure dont la propriétaire s'appelle Lorna. Elle a quatre ans de plus que moi, est infirmière et actuellement poursuit une formation de sage-femme. C'est une personne qui semble froide mais qui cache beaucoup d'humour. Elle est brune, assez grande, la peau blanche et elle a un léger strabisme.

Elle a emménagé récemment dans un immeuble neuf de plain-pied au bout d'une rangée d'appartements tous mitoyens. Ma chambre donne sur une petite cour. Tout ce qui meuble la chambre est de la récupération. Le matelas est rafistolé avec du gros scotch pour empêcher les ressorts d'aller plus loin... Il y a un petit canapé sur le côté. Une petite penderie mais pas d'étagères ni commode. Je me fabriquerai une espèce de malle en carton que je recouvrirai de papier peint.

Je vivrai donc cette année près du centre-ville de Belfast, dans un quartier protestant calme en lisière d'Ormeau Park. J'aurai vingt minutes de marche pour aller à Wellington College en traversant ce bel espace vert, où siège un grand terrain de golf. Je verrai la montagne me regarder chaque jour et elle me donnera de la joie de vivre. Plutôt, comme disent les Irlandais, elle me souhaitera une bonne journée...

Après un bon mois, j'appelle mes parents. Mon père m'annonce qu'il verse une somme de dix mille francs sur mon compte suite à l'héritage de Mémé. C'est la première fois que mon père me donne de l'argent. Il ne s'en est jamais soucié, ni pour moi ni pour mes soeurs. Je pense qu'il a senti une cassure entre lui et moi qui étions si soudés. Il tente de réparer quelque chose, de montrer qu'il pense à moi. Je le remercie vivement. J'ai pour projet d'acheter une voiture pour me déplacer à ma guise. Maintenant, j'en aurai les moyens. En attendant, je m'achète un vélo d'occasion.

Wellington College

Mon trajet pour aller au lycée est une vraie promenade dans ce parc si agréable. Wellington college est immense à côté des établissements fréquentés à Antrim. C'est en fait, deux établissements qui ont fusionné.

Jusque l'année précédente, il y avait deux assistantes de français mais pour cette année-là, pour des raisons budgétaires, il n'y en aura qu'une et c'est moi. Alors on me rajoute trois heures de cours payées en heures supplémentaires et c'est une bonne surprise. Je vais pouvoir mettre de l'argent de côté.

Je fais connaissance de la chef du département de français, ma responsable, Miss G. Son français est très bon comme celui de Mr à Antrim. Cette personne semble sortir d'une caricature de BD. Elle ressemble à Jackie Sardou. Une femme très ronde, portant des robes trop courtes, très exubérante dotée d'une autorité incroyable. Elle a très mauvaise réputation mais c'est une excellente enseignante. J'ai même découvert Françoise Sagan grâce à elle. J'ai étudié "Bonjour tristesse" avec ses élèves. Elle aurait pu dispenser un cours de littérature comme une vraie Française. Comme elle était en place dans ce lycée depuis une vingtaine d'années, elle avait une sorte de "pouvoir" et personne n'arrivait à la déloger. Drôle de personnage qui aura porté ombrage à bon nombre d'enseignants et à moi-même.

Je fais également connaissance d'autres professeurs de français, Mr Bingham et Mr Thompson. Puis un prof de géopolitique, Mr Smylie. C'est avec lui que je garderai contact jusqu'à maintenant. Aaron Smylie est un peu à part dans cet établissement. Physiquement, il me fait penser à Lenine et je n'en suis pas loin puisqu'il affiche publiquement sa sensibilité socialiste et son athéisme... C'est exactement tout ce qu'il faut en Irlande du Nord pour être marginal. Sa personnalité se dégage de celle des autres et très vite, nous deviendrons amis et pour cause, moi qui suis constamment questionnée sur ma confession. Je réponds chaque fois que je suis catholique depuis le baptême mais non pratiquante et athée. Cela semble difficile à faire comprendre car en Irlande on est soit catholique, soit protestant. Alors certains élèves me demandent même si je suis "athée catholique" ou bien "athée protestante"... une blague connue en Irlande dit que quand on est athée catholique et athée protestant, on est forcément... juif.

Pour les Nord-Irlandais, je suis comme apatride puisque la religion, c'est leur identité. Être catholique c'est être pro-républicain et être protestant, c'est être pro-britannique. Le choix est singulièrement restreint.

J'ai souvent été invitée aux messes ou "services" dans les églises des uns et des autres, cela m'intrigue beaucoup. Les gens ne comprennent pas car je n'ai pas de "camp".

Arrive aussi en septembre, l'assistante d'allemand dont je ne me souviens plus le nom et qui ne restera qu'un mois. Elle sera remplacée par Conny qui elle, sera la première Est-Allemande sortie de l'université de Iéna à venir en pays "occidental" après la chute du mur de Berlin…

J'appréhende cette année avec moins d'enthousiasme que l'année d'avant. Les événements de l'été avec ma mère et mon père, de surcroit, me pèsent comme une chape de plomb. Et puis, toujours pas d'homme dans ma vie. J'ai 24 ans et il ne se passe rien. Je ne dois pas être normale et je me demande même si je ne suis pas lesbienne. Je n'ai cependant pas d'attirance pour une femme en particulier malgré le nombre important d'amies qui m'entourent...

***

Un matin d'octobre, arrive une jeune femme blonde un peu perdue à Wellington College. Miss G. me la présente. C'est la nouvelle assistante d'allemand. Elle vient de Iéna et n'a jamais été en pays anglophone avant. Elle est très grande, maigre, les yeux bleus légèrement tombants, les cheveux frisés. Elle loge en cité universitaire.

Après avoir visité l'établissement et vu son emploi du temps, je lui propose de venir chez moi et de l'aider à faire ses démarches. Le lendemain, je lui propose même de s'installer dans ma chambre en attendant qu'elle se trouve un logement. Je suis si spontanée que j'en oublie que je ne suis pas chez moi et Lorna, ma logeuse, me le fait remarquer... je lui dis que je vais la payer plus que ce n'est que temporaire. De toute façon, Conny est là, elle n'a plus le choix. Finalement, tout se passe pour le mieux, Conny est sympathique et serviable et Lorna cherche à l'aider aussi. On la voit perdue à la fois dans ce monde occidental et en guerre... Elle montre de grands yeux sur les postes de police, les blindés et les appareils électroménagers qu'elle n'a jamais vus en Allemagne de l'Est. L'ami de Lorna, John, lui prête un vélo pour aller travailler dans un autre établissement, car elle doit aller dans la partie nord de Belfast, à St Malachy, un établissement catholique.

Son installation en Irlande du Nord est un choc culturel pour elle.

De cette rencontre singulière naitra une très grande amitié entre nous. Je serai son témoin de mariage neuf ans plus tard et elle sera le mien en 2004. "Conny" sera le deuxième prénom de ma fille.

***

Cette année, comme je suis près de la fac, je décide de passer le "Profeciency Certificate of English" à Queen’s, l’université de Belfast. J'avais déjà commencé les cours quand j'avais été jeune fille au pair en banlieue de Londres mais j'avais tout arrêté pour rentrer en France au bout de six semaines. C'était quatre ans auparavant. Ce diplôme certifie un niveau d'anglais proche de celui d'une personne dont l'anglais est la langue maternelle. Il est reconnu mondialement dans les universités et les entreprises. Conny et moi nous y inscrivons et faisons la connaissance d'autres étudiants, y compris un couple de Hongrois.

Quand j'ai vu le film de Klapisch "L'auberge espagnole", j'avais un peu l'impression de me retrouver dans cette ambiance étudiante insouciante, ce que moi, je n'avais jamais vécu avant étant très vite salariée, je ne m'étais jamais vraiment "mélangée" avec d'autres.

Notre prof est en fait un prof de linguistique et cela m'intéresse. Il étudie et analyse les différents accents de l'Irlande et cela me passionne. Je suis la seule du groupe d'environ quarante jeunes à porter attention à ses travaux. Il me donne une partie de ses cours et une cassette des différents accents recensés en Irlande. Il en a une autre avec les accents de Belfast. C'est fascinant.

C'est dans ce groupe également que je rencontre Pere, un Espagnol. Il a exactement le même âge que moi à un jour près mais notre toute petite histoire ne commencera qu'en avril et nous ne sommes qu'en octobre...

Avec les autres étudiants venus de toutes parts, nous ferons de belles promenades au rythme de nos accents différents, ce qui fait se retourner les Irlandais pure-souche dans les Jardins Botaniques. C'est très amusant. Cela ajoute de la couleur dans ce vert unique qu'est l'Irlande à elle seule...

***

Tout comme l'année d'avant, le prof de musique de Wellington College me propose de passer une audition pour entrer à la chorale philharmonique de Belfast. Je n'ai que "Molly Malone" à faire auditionner. Il m'y prépare. J'obtiens un rendez-vous en fin de journée pour auditionner. Quelle n'est pas ma surprise de voir que je ne suis pas seule et que les candidats sont tous musiciens avec une partition épaisse à la main ! Moi, j'arrive avec une petite partition pliée en deux, rangée dans mon sac à main. Je suis persuadée que ça ne marchera pas. Quand c'est mon tour, j'entre dans une grande salle où le piano semble petit. Je donne la partition de Molly Malone au pianiste. Le chef de choeur me dit de commencer. Je chante quatre ou cinq mesures puis on me fait suivre des gammes. Cela dure en tout cinq ou dix minutes. On me dit au revoir. Je me dis que j'avais raison, c'est fichu. En redescendant l'étage, une femme me donne un papier à remplir et donne rendez-vous un soir de la semaine pour répéter. Je ne comprends pas et lui demande si j'ai été sélectionnée ou pas. Elle me répond positivement... je n'y crois pas. Je suis membre de la chorale philharmonique de Belfast et nos répétitions auront lieu à l'Ulster Hall !

Conny qui est musicienne me rejoindra également à la chorale.

De la Toussaint jusqu'aux vacances de Noël, l'essentiel de mes sorties se feront avec Conny et Dominique qui a ramené sa voiture de France. Et puis nous allons dans les pubs catholiques pour avoir de la musique traditionnelle. Dominique a pour habitude de boire une ou deux Guinness et de fumer de l'herbe en même temps. Cela la met dans un état hallucinogène qui la rend très drôle. On sait qu'elle va sortir du pub puis en faire deux fois le tour en courant et en riant aux éclats. Ensuite, nous allons au potato shop en face pour manger une grosse pomme de terre farcie pour éponger l'alcool. Moi, je ne bois pas d'alcool sauf parfois un verre de cidre.

Fin décembre 1990

Conny et moi repartons respectivement en Allemagne et moi en France. Un nouveau logement attendra Conny en janvier. Elle reviendra plus tard que moi.

Je prends l'avion et suis attendue par Valérie comme d'habitude. Je rends visite à mes amis peut-être à ma soeur, je ne m'en souviens pas.

Je vais rendre visite à mes parents qui m'ont même écrit pendant ce trimestre. Ma mère m'a envoyé des recettes de cuisine…

Là, je suis choquée. Ma mère n'est plus la même. Mon père s'occupe d'elle comme d'une petite fille. Il la flatte, lui dit qu'elle a réussi sa mayonnaise, que c'est bien. Quand je suis arrivée, ils étaient en train de préparer un cassoulet mais je vois que c'est mon père qui fait tout même s'il veut me faire croire le contraire. Elle ne parle presque plus, son visage a changé, son corps aussi. Elle plaque ses doigts sur ses tempes. Elle doit avoir très mal à la tête. Elle est molle.

Lorsqu'elle se déplace, elle rampe contre le mur, c'est impressionnant. Ses jambes ne sont plus que des flûtes, elle n'a plus de muscles... son ventre est énorme.

J'ai devant moi une épave. Oui, je dois me rendre à l'évidence, j'ai devant moi, une femme qui boit de l'alcool depuis une trentaine d'années au moins, associant antalgiques forts ou autre drogue pourvu que cela la mette dans un état le plus hallucinatoire possible. C'est terrible. C'est ma mère. Celle que je n'appelle maman que sous la contrainte. Mais ce n'est pas une mère. C'est un sac à vin. Un être en démolition qui va tomber. Un être à la conduite addictive et autodestructrice. Elle me dégoûte.

J'ai un mauvais pressentiment et je le dis à mon père avant de repartir. Il me dit que tout va bien...

J'apprends que John pose des problèmes de discipline même de délinquance. J'essaie de discuter avec lui. Je suis désolée de cet état des lieux. Et je suis impuissante.

Je repars depuis Le Havre où je prends le ferry. C'est ma tante Janine qui m'y emmène. Elle a une bronchite et s'arrête souvent. Mon oncle ne conduit plus. Il est atteint de la maladie d'Alzheimer mais on ne le sait pas encore officiellement.

Arrivée au Havre, il y a une très forte tempête. Le ferry mettra 24 heures pour aller jusqu'à Rosselare au lieu de 16 heures. Une traversée infernale.

À Rosselare, je préviens Noémie que je passe la voir à Bray. Elle m'annonce qu'elle attend un bébé.

Je prends l'express pour repartir à Belfast, j'arriverai vers 17h chez Lorna. Il n'y a personne. Je suis seule. Je suis épuisée et n'arrive plus à penser.

Lorna et John rentrent à la maison. Ils viennent s'habiller pour aller fêter le Nouvel An avec des amis. Je les salue et leur dis que je vais me coucher. Ils partent.

Je me retrouve seule dans ma chambre froide. Je me mets à pleurer. Je vais chercher tous les médicaments que j'ai en ma possession et les pose sur mon carton qui fait table de nuit. Je n'en peux plus. Je veux mourir. J'en ai assez d'être seule. Je ne plais à personne. Je vais chercher quelque chose à manger pour tout avaler. Je reviens dans la chambre. Je regarde ces cachets. Oui, je vais me balancer. Comme ma sœur.

Et puis, j'entends la porte d'entrée s'ouvrir. C'est Lorna et John ! Non ! Ils m'appellent au cas où je ne dormirais pas encore. Ils me disent que finalement, ils fêtent le Nouvel An à la maison que les amis viennent. Je ne sais plus où je suis. Je cache les cachets je ne sais plus où. Je me demande ce que je viens de faire...

Je suis donc allée dans la salle de séjour. John et Lorna ont ouvert une bouteille de porto et avec leur couple d'amis, on a bu un verre à minuit. Ensuite, épuisée comme je l'étais, je suis allée me coucher... Pour de bon. Je me suis réveillée treize heures plus tard en plein après-midi.

J'ai réalisé ce que j'avais fait la veille et me suis dit que j'aurais mis Lorna dans un sacré embarras. Cet acte non abouti m'a orientée vers une recherche sur le suicide. Un an plus tard lorsque je serai à Coutances en Normandie. J'ai compris que j'étais "victime" du schéma "fille de mère alcoolique". D'apprendre cela (seule, sans psy) m'a énormément aidée à avancer, vers la vie.

Nous sommes le 1er janvier 1991, une nouvelle année commence !

***

Conny revient d'Allemagne avec plein de cadeaux et des ustensiles de cuisine pour faire des spécialités de Thüringe. Elle emménage bientôt dans son nouveau logement.

Comme j'ai assez d'économies pour acheter une voiture d'occasion, j'épluche toutes les petites annonces. Nous avons convenu avec Conny de partager les frais d'assurance et le carburant, pour les six mois à venir. Nous savons que nous aurons de la visite l'une et l'autre et ce sera pratique de pouvoir transporter tout ce monde tour à tour dans une voiture.

Je trouve une occasion dans un garage pas très loin de chez moi. J'appelle Andrew, puis mon père pour savoir quels sont les "tests" à faire passer pour ne pas se faire avoir. Je sais donc que si je démarre en seconde, c'est que l'embrayage est défectueux. Je teste les freins. Je regarde les pneus. Je ne suis pas une experte en la matière. Je vois que la voiture a été repeinte mais je ne vois pas qu'elle a aussi brûlé antérieurement... La seule chose qui me gêne c'est la ceinture, je ne parviens pas à l'attacher car mon siège est si avancé qu'elle ne boucle pas. Le garagiste rit aux éclats et me dit: "Ce n'est pas la ceinture qui trop petite, c'est vous ! ". Et c'est vrai. Je suis très petite pour une femme en Irlande. Pour me chausser, je dois aller dans le rayon des enfants et ne trouve que des chaussures de sport !

J'achète cette auto, une Ford Fiesta rouge. Je suis très étonnée de ne pas avoir peur de conduire de l'autre côté de la route et de la voiture. Le schéma des vitesses inversé ne me pose aucun problème. Je suis très fière de moi finalement.

Je rentre chez moi et gare la voiture devant l'appartement, dans la courette. Lorna rentre du travail peu après, se gare à côté de la fiesta. Elle est sidérée car elle est allée consulter une voyante comme elle le fait souvent et celle-ci lui a dit qu'elle aurait une voiture rouge à côté de la sienne dans les jours qui viennent... Elle ajoute que cette voyante est vraiment très bien.

Conny arrive également. Elle vient voir la voiture, notre bijou ! Comme je suis une curieuse, je demande à Lorna les coordonnées de cette fameuse voyante. Cela tombe bien, son domicile est inaccessible par les transports, maintenant que j'ai une auto, je vais pouvoir y aller. Conny est très intéressée aussi et nous prenons un rendez-vous sans tarder chez cette femme qui habite Bangor. Nous ne la verrons que trois semaines plus tard juste après la visite de Gaëlle, mon amie pharmacienne que j'ai rencontrée à Dublin en 1987.

Gaëlle arrive fin janvier autour de sa date d'anniversaire. Elle restera une semaine. Elle me ramène la dernière pommade sortie pour le psoriasis et des huiles de massage. Elle est enchantée de visiter Belfast et de faire la connaissance de Conny qu'elle hébergera à Paris les années suivantes. Un ami londonien de Conny se présente de manière improvisée. Je ne me souviens plus comment il a été hébergé mais je me souviens qu'il faisait bon ménage avec Gaëlle … Nous sommes allés à la Chaussée des géants, une vraie folie à cette époque de l'année mais c'était amusant. Je ne me souviens que de la pluie battante, le vent violent et ces nuages noirs au-dessus de nous.

Gaëlle insiste pour nous prendre en photo Conny et moi devant notre belle voiture qu'elle baptise Elco pour Elsa et Conny. Cette histoire nous est restée à l'une comme à l'autre.

***

C'est une après-midi que nous rencontrons cette femme dite extraordinaire, la chiromancienne de Bangor. Sa maison est ordinaire et cette personne aussi. Elle semble calme. Une certaine sagesse émane d'elle. Elle nous explique ce qu'elle fait, comment elle procède. Une véritable enseignante !

Elle lit dans les lignes de la main et ensuite lit dans des feuilles de thé. Cela n'est pas commun.

C'est une femme qui veut aider, qui veut communiquer, envoyer des messages, c'est palpable. Elle a une patience d'ange. Elle nous explique de quelle manière on doit passer le rouge à lèvres dans l'intérieur de la main, elle nous montre comment les lignes ressortent et ce qu'elles veulent dire. Elle partage son "savoir". Elle nous dévoile comment on reconnait un garçon d'une fille pour les enfants, les séparations, le nombre de rencontres importantes...

Cette femme est fascinante.

En ce qui me concerne, elle me dit que je ne serai pas une grande voyageuse, que ma vie n'est pas en Irlande (je n'y crois pas !) et que j'enseignerai toute ma vie (elle ne sait pas que j'enseigne). Elle me dit également que ma voix serait très importante pour moi, qu'elle me servira dans ma vie. Elle ajoute que je me perds dans des détails inutiles et que cela me desservira. Elle me dit que j'aurai trois grossesses et deux enfants, une fille en premier et un garçon en deuxième qui feront des études beaucoup plus longues que les miennes. L'homme de ma vie ce n'est pas pour tout de suite me dit-elle, il va falloir être patiente, attendre... il sera musicien âgé de trois ou quatre ans de plus que moi.

Arrive la lecture des feuilles de thé. Elle me fait verser une tasse de thé avec les feuilles sur une assiette blanche. Elle me montre les circonvolutions et les chemins que va prendre ma vie prochaine. Je comprends tout, cela me parle. Elle me parle de ma mère sans même que je la désigne. Elle me dit qu'elle a mal aux yeux, qu'elle devient aveugle – ma mère venait de me dire au téléphone qu'elle ne voyait plus rien. Elle ajoute qu'elle entrera à l'hôpital pour n'en plus ressortir. Le jour de ses obsèques, je recevrai une lettre bleue pour une proposition de travail. Je ferai deux allers-retours pour la France dont un trajet en bateau. À mon travail actuel, je serai trahie par une femme jalouse de moi. J'en perdrai mon emploi.

Je la vois manger des fruits secs, un peu comme un fumeur qui mâche des chewing-gums pour ne pas fumer, et pourquoi, je ne sais pas, je lui demande si elle est alcoolique. Elle me répond qu'elle l'a été, qu'elle est maintenant "dried alcoholic" donc abstinente mais qu'elle l'est dans le fond d'elle-même.

Quant à Conny, elle lui annonce un mariage, deux carrières professionnelles, l'une dans l'enseignement et l'autre dans l'édition ou le journalisme. Elle aura un enfant. Elle divorcera et une très longue amitié commence entre nous.

En fin de consultation, je la règle. Elle prend le billet, me le rend et me dit : "Prenez, j'espère que je me suis trompée ". J'essaie en vain de lui rendre, elle n'en veut pas et me dit : "bon courage ". Je suppose qu'elle a en tête l'annonce du futur décès de ma mère.

Conny et moi nous regardons sans dire un mot. Elle accepte le billet de Conny.

Je remercie cette femme si singulière. Je ne l'oublierai jamais, Conny non plus. Je suis troublée par sa "clairvoyance", sa médiumnité, son humanité. C'est le genre de personne qu'on ne rencontre qu'une fois dans une vie. Ce n'était pas un charlatan, je l'avais bien senti. L'avenir prouvera l'exactitude de presque toutes ses annonces.

Comme je compte m'installer en Irlande du Nord, je cherche des petits emplois qui me paieront le carburant de la voiture et me serviront à ne pas dépenser mon salaire. Je réponds à une annonce, celle d'une femme aveugle qui demande une aide-ménagère. Je travaillerai pour cette personne pendant plusieurs semaines.

Ensuite je postule dans un supermarché et j'obtiens d'abord un poste de caissière puis de vendeuse de glaces dans la galerie marchande. J'y travaille quelques heures le vendredi, mon jour de repos. J'essaie de poser mes jalons un peu partout pour montrer que je peux m'adapter à toute sorte d'emplois.

Un jour, je réponds à une annonce officielle à l'agence d'emploi de Belfast. Il s'agit d'un travail de vendeur à domicile pour les glaces Miko. J'obtiens un rendez-vous très rapidement dans leurs locaux assez impressionnants. Je suis reçue par un homme et une femme qui me posent une foule de questions et avec lesquels je me sens très à l'aise. Je sais que je n'aurai pas l'emploi mais l'entretien a été un réel enchantement. Je pense qu'ils étaient curieux de savoir pourquoi une Française de 24 ans postulait pour ce genre d'emploi et je suis certaine qu'ils ont passé un aussi bon moment que moi. La femme me propose même de repasser les voir quand je veux, discuter avec une Française, cela doit être agréable parce que c'est exotique et que les Français ne courent pas les rues à Belfast !

Avec Florence, assistante de français, nous allons à la procession à St Patrick qui a lieu tous les ans le 17 mars à Downpatrick dans la ville où le Saint s'était installé en Irlande. Il pleut et il fait froid. Nous ne devions être que spectatrices et finalement nous participons à la procession et grimpons la colline avec tout le monde pour atteindre le sommet. Nous sommes contentes de l'avoir fait et même se dégagent de nous une certaine fierté et sérénité malgré la pluie incessante.

Mon amie Nathalie me rend visite et cette fois-ci j'ai l'intention de parcourir une partie de l'Irlande avec la voiture. Je vais la chercher à la gare routière. À côté d'elle descend du car, Pere, un des étudiants avec qui je prépare le Proficiency Certificate. Nos regards se croisent et il se passe quelque chose entre nous. Je lui demande s'il repart en bus chez lui ou si je peux le ramener en voiture. Il accepte ma proposition.

Je dépose Pere devant chez lui, il me remercie et me donne son numéro de téléphone. Je ne sais plus si je lui ai donné le mien...

Nathalie, comme l'an passé me dit que j'ai changé. Elle me trouve bien dans ma peau. Moi, je la vois heureuse d'être ici en Irlande pour visiter ce beau pays.

Suite à la description de la consultation de la voyante, Nathalie m'a demandé de lui prendre rendez-vous avec elle. Elle sera elle aussi fascinée par ce personnage si singulier. Elle lui décrit son métier : "vous êtes près des corps, vous les voyez mais vous ne les touchez pas", Nathalie était manipulatrice en radiologie... elle lui parle de son mariage, d'un enfant unique, d'un divorce et d'un moment sur un lac (elle partira au Québec et fera une excursion sur un grand lac).

Avec Nathalie, je fais un bon nombre de kilomètres et par chance il fait très beau. J'espère que la voiture ne tombera pas en panne mais elle tient. Je n'ai pas peur, j'ai confiance. S'il arrive quoi que ce soit, il y aura toujours quelqu'un pour m'aider, je le sais même si je ne sais qui. Il y a toujours quelqu'un, c'est sûr.

Nous traversons des zones très vallonnées mais quasiment désertes et désertiques, c'est un paysage inhabituel pour nous Françaises. Nathalie prend des photos. Elle est émerveillée. Nous nous dirigeons vers Londonderry, London pour les protestants (les Britanniques) ou Derry (pour les catholiques et anglicans). Nous remarquons que deux cathédrales se font face, l'une est catholique, Saint-Eugène qui a été édifiée à la suite du Catholic Emancipation Act de 1829. L'autre est anglicane, église d'Irlande (proche de la religion catholique), c'est St Colomba, plus ancienne datant du XVIIème siècle. C'est incroyable pour nous, Français d'avoir deux cathédrales dans une seule ville. Pour Nathalie qui est croyante et pratiquante, elle ne comprend pas non plus ce clivage. C'est dans cette ville qu'ont commencé les "Troubles" avec le fameux « Bloody Sunday" (dimanche sanglant), jour où quatorze Catholiques ont été abattus par l'armée anglaise lors d'une marche pacifiste. Cette ville n'a pas bonne presse. En arrivant devant la chambre d'hôtes, je ferme les portières de la voiture, de l'intérieur et y laisse mes clés... je demande au premier passant s'il peut nous aider à ouvrir. Un homme assez enrobé nous dépanne en allant chercher un voisin qui arrive muni d'un fil de fer épais qu'il adapte au cours de l'opération. Il force la vitre de la portière et fait passer le fil qu'il a au préalable crocheté pour atteindre le loquet. Il y parvient. Je le remercie chaleureusement et récupère les bagages dont nous avons besoin. Tout semble si simple.

J'ai réservé une chambre d'hôtes qui nous semble royale. La salle de bains ancienne avec sa baignoire aux robinets cuivrés, astiqués. La chambre magnifiquement décorée. Le propriétaire on ne peut plus aimable. Le petit déjeuner est copieux et délicieux.

Nous continuons avec le soleil et les paysages pour compagnie. Nous nous orientons vers Enniskillen sur les rives du Lough Erne, un lac... La ville est plate et presque déserte, c'est l'impression qu'elle nous donne. Elle a été le bastion des Loyalistes depuis que la Couronne l'a colonisée au XVIIème siècle. La ville a été le théâtre de violences liées aux "Troubles" pour soutenir Bobby Sands, gréviste de la faim, membre de l'IRA. Onze personnes y ont trouvé la mort le 7 novembre 1981.

Nous observons le château du XVIème siècle, assez imposant. Le temps commence à se gâter et le lac revêt une couleur grise.

Nous poursuivons jusqu'à Beleek, la ville de la porcelaine concurrente de la porcelaine du Donegal juste de l'autre côté de la frontière. C'est la même terre mais pas la même nation...

Les paysages semblent étranges comme désolés, pauvres, impalpables...

Pendant les trajets, nous échangeons peu avec Nathalie comme si l'environnement prenait toute la place.

Notre petite escapade de trois jours prend fin et nous repartons vers Belfast.

Nous en aurons chacune un souvenir unique, secret.

Nathalie repart à Paris pleine d'images.

Mai 1991

Le père de Conny vient rendre visite à sa fille. Depuis la réunification allemande, il a perdu son emploi d'ingénieur en mécanique et n'en retrouvera jamais. Il a par conséquent, du temps. C'est un homme très discret, très gentil, sensible aux gens qui l'entourent. Nous ferons une sortie ensemble.

Je téléphone plus souvent à Pa Pi Ja. Les nouvelles ne sont pas bonnes. Ma mère ne voit plus rien, elle ne peut plus bouger de son lit. Mon père dit qu'elle ne fait pas d'efforts pour aller mieux.

Entre temps, je suis invitée à une soirée chez Pere. Il vit en colocation avec quatre autres étudiants dont deux apprentis cuisiniers italiens. Il y a deux jeunes femmes très sympathiques.

Pere se charge de faire une omelette espagnole, une "tortilla". Il la confectionne devant moi et en me regardant jette le contenu de l'oeuf dans la poubelle et garde la coquille dans les mains... c'est drôle et nous rions... la vie est belle...

Plus tard dans la soirée, je dirais même en début de matinée, Pere me propose de dormir chez eux. Il demande à une des colocataires de me prêter sa chambre. Je refuse mais tous insistent. Ma voiture est en panne, elle n'a pas démarré, je suis à pied et je n'habite pas tout près de chez lui. J'accepte.

La jeune femme me prête une chemise de nuit. Il ne fait pas chaud dans cette maison et c'est humide. Je me couche mais une demi-heure plus tard, Pere frappe à la porte, ouvre et me demande s'il peut dormir avec moi. Je ne sais ce que je dois répondre. Finalement, j'accepte.

Il entre dans le lit et se met près de moi. Il éclate de rire en voyant mes chaussettes à coccinelles. Il me demande pourquoi je porte des chaussettes la nuit. Il ne sait pas que j'ai froid. J'ai froid le jour comme la nuit. Il ne se passera pas grand-chose car Pere s'endormira rapidement... et je repartirai très tôt le matin pour appeler mes parents.

Il ne s’est pas passé grand-chose mais assez pour me perturber au plus profond de moi-même.

Pere me rappelle dans la matinée pour me dire que je ne lui ai pas dit au revoir en partant.

Je vis cette petite histoire intensément, je m'y raccroche et m'en détache en même temps. J'ai peur d'avoir mal, de souffrir de cette relation si peu consistante.

Un matin, j'appelle mes parents et ma mère ne me dit quasiment rien. Je lui demande si elle veut que je revienne et elle me dit pour la seule et unique fois : "non, reste là où tu es, tu es bien". Surprise par cette réponse inattendue, je lui réponds que je viens la voir. Je raccroche et me mets à pleurer sans même m'en rendre compte. Je préviens le lycée que je dois partir pour aller voir ma mère qui va mal. J'informe également le supermarché.

Je prends la voiture et pars en centre-ville pour réserver un vol pour le lendemain. Je gare la voiture en "zone control", je n'y fais pas attention. Je réussis à avoir un vol pour le lendemain avec une escale à Manchester.

Je reviens vers ma voiture et je distingue de loin, une contravention sur le pare-brise. Je n'en avais jamais eu jusqu'à ce moment. Je suis en colère mais tant pis, c'est comme ça. C'est toujours quand ça va mal que les contraventions s'y mettent, c'est bien connu.

Conny me prépare une salade de sa Thüringe natale car elle s'est aperçue que je ne mange plus beaucoup ces derniers temps.

Le lendemain, Conny me mène à l'aéroport de Belfast. Je repars pour la France, contrainte par la situation.

À l'escale de Manchester, je me fais contrôler de fond en comble et on me confisque ma salade qui sent l'ail à plein nez. Il est vrai que j'aurais pu cacher une bombe à l'intérieur avec la tête de terroriste que j'ai, c'est ce que j'essaie de faire comprendre aux douaniers qui font leur travail et qui m'agacent prodigieusement à ce moment précis... ils ne me font pas rire. J'ai bien autre chose à penser.

Regnéville-Coutances

Arrivée à Paris, j'appelle à Pa Pi Ja et mon père m'annonce que ma mère a été transportée en urgence à l'hôpital, ce que je prévoyais. Je me dis qu'au moins je la verrai avant qu'elle ne s'en aille définitivement...

Je prends le RER pour ensuite me diriger vers la gare Saint-Lazare. Mon billet acheté, je monte dans le train qui mettra trois longues heures pour arriver à destination. Le temps est long et vide à la fois.

Quand j'arrive à Coutances, mon père m'emmène directement à l'hôpital. Il m'a acheté un pain aux amandes qu'il a soigneusement mis dans la boite à gants. Il sait que je les aime.

Ma mère a été hospitalisée un samedi. Ma soeur dont la belle famille habite le Calvados à cinquante kilomètres de Regnéville est passée la voir. Elle l'a aidée à manger un yaourt. Elle ne peut plus se nourrir elle-même.

Quand j'entre dans la chambre, je vois une femme dont le visage a complètement changé. Son visage fait des mouvements spastiques. Je m'approche d'elle, elle me sourit, je crois qu'elle me reconnait mais en fait elle m'appelle "maman" et n'en finit plus de me dire "maman, maman, maman...". Mon père la caresse tendrement, l'embrasse partout sur le visage et elle le rembarre, refuse ses caresses et lui dit : "salaud, salaud..." mais il persévère, il n'entend rien, ne voit rien, comme s'il consolait un bébé qui pleure.

On lui propose de boire une eau colorée pour simuler la couleur du vin mais elle goûte et recrache en disant que c'est dégueulasse...

Je sais que c'est la fin même si je n'ai pas encore vu le chirurgien qui la suit. Son ventre est énorme comparé à ses membres squelettiques. Je demande au personnel pourquoi et on me dit que c'est de l'ascite, un liquide qui est sécrété par le foie quand il est malade. Elle a été ponctionnée mais le liquide se renouvelle.

En rentrant à Pa Pi Ja, mon père insiste pour que je dorme à côté de lui. Je n'ose pas lui refuser pour la première nuit mais le lendemain je vais voir ma tante Janine et lui demande l'hospitalité.

Le lit de ma mère est dans un état de crasse constituée de sang et de selles séchés. Cela me répugne.

Comme je l'avais prévu, j'irai voir ma tante Janine le lendemain. Elle ne sait pas que ma mère est hospitalisée car mes parents et elle sont fâchés depuis l'héritage de Pa Pi Ja. Je lui annonce que ma mère est sur le point de mourir et lui demande si elle et Alfred, mon oncle, veulent bien venir prendre l'apéritif à Pa Pi Ja.

Janine se sent désolée, cela se voit, elle est désemparée. Elle fait les cent pas puis elle revient vers moi et me dit : "Elsa, j'ai un poulet au congélateur. Je vous ferai mon poulet aux oignons. Venez déjeuner demain".

Je suis si soulagée. Le mur s'est effondré de lui-même, la haine et la jalousie aussi.

Je lui demande l'hospitalité et bien sûr elle accepte.

Le lendemain, les retrouvailles sont très émouvantes. Mon père a les larmes aux yeux en passant le portail de leur jardin de devant. Ce portail si longtemps fermé. Janine lui dit d'entrer. Ils sont très touchés l'un et l'autre, mon oncle aussi. Ils ne se serrent pas dans les bras car cela ne se fait pas chez nous mais l'émotion est palpable.

Je sais désormais que je pourrai rentrer à Belfast tranquille. Janine prendra tout en charge au moment ultime. Cela me rassure. Mon père ne sera pas seul.

Pendant les quelques jours que je reste à Regnéville, je vois mon père se raconter une belle histoire... il part plusieurs fois dans la journée chercher le matériel nécessaire pour refaire la tapisserie de la salle de séjour qui est défraichie. Il veut que la maison soit belle et propre pour le jour où ma mère rentrera à la maison. Il le fait mais en même temps il ne demande aucune information au chirurgien. Celui-ci me dit qu'elle ne s'en sortira pas ou plutôt si elle s'en sort "ce sera les pieds devant", c'est l'expression qu'il a utilisée.

Je change mes projets. Je me dis que je ne pourrai pas rester en Irlande en laissant mon père et John seuls. Ce n'est pas possible et puis sans ma mère, ce sera plus facile, je serai libre.

Je réserve une place sur le ferry qui part de Cherbourg. C'est le plus pratique et surtout le moins onéreux. Mon père m'y accompagne et il pleure dans mes bras, me serre fort mes deux mains. Cela ne lui ressemble pas mais la situation est inédite.

Belfast fin mai

La traversée est longue et je me mets à écrire. Je fais un plan chronologique pour écrire ma vie qui n'a que vingt ans. Je noircis le journal que Nathalie m'a offert neuf ans auparavant. Je l'ai toujours avec moi. Je construis puis raie puis refais le plan. Je n'ai pas d'explication de cette envie soudaine d'écrire ma vie, là, à ce moment précis, mais c'est plus fort que moi, je dois faire ce plan pour pouvoir écrire. Je n'ai pas pris de couchette et vers trois heures du matin, endormie sur le pont, je suis réveillée par le personnel de service. Ils passent l'aspirateur.

À Dublin, mon amie Noémie m'attend pour me saluer à la gare routière Busaras avant de reprendre le bus pour Belfast. Elle est sur le point d'accoucher.

J'arrive à Belfast. Conny vient me chercher en voiture. Elle me dit que le pot d'échappement a lâché et qu'il a fallu le changer. Dans quelques jours je dois passer deux examens pour le Profeciency Certificate. Je n'ai pas pu réviser.

Je fais part de mon projet de repartir vivre en France à Conny.

Je revois Pere deux ou trois fois, je ne le sens pas amoureux mais il souhaite venir en France, peut-être même s'y installer pour quelques mois et je commence à échafauder des espoirs. Je me dis qu'il tient à moi quand même. Je veux y croire.

Un jour que j'appelle chez lui, on me dit qu'il est à l'hôpital pour l'appendicite. Je me précipite au Royal Hospital. Je cours vers l'accueil pour demander dans quel service il est hospitalisé. Je trouve enfin le service et m'attends comme en France à parcourir un long couloir de chambres mais je n'en vois pas. Ce sont en fait de grandes salles où les lits sont séparés par un rideau. Ça me rappelle les films de guerre. Je trouve le lit de Pere et à ma grande surprise, je vois une jeune femme à son chevet qui lui tient la main... Pere me voit, me salue. Il semble très fatigué et moi je me retrouve là comme une cloche au chevet de quelqu'un qui me balade. Je suis déçue et triste.

Je reprends mes cours au lycée. Miss G, ma responsable, en charge du département de français, m'invite au restaurant pour la première fois de l'année. Elle m'avait récemment proposé, malgré les circonstances, de prolonger d'un mois mon contrat. Je devais préparer les élèves à l'épreuve de français du A Levels[1]. J'assurerais également des surveillances

[1] Équivalent du bac

d'examens. J'avais accepté son offre. Je resterais en poste jusqu'à la fin du mois de juin. Je comprends, au cours du déjeuner, que sa proposition ne tient plus. Elle m'annonce en effet que le lendemain sera mon "presentation day". Je ne sais, dans un premier temps, ce que cela veut dire. Mais je comprends vite. Le "Presentation Day" signifie le "jour de la remise des cadeaux" avec les remerciements qui l'accompagnent. Mon contrat s'arrête donc fin mai, comme il était prévu à l'origine. Les conséquences financières m'inquiètent en raison de mon dernier et des prochains allers-retours en France qui n'étaient pas prévus.

Un jour que je rentre du lycée, je me sens mal, au bord du malaise. Je m'arrête de marcher et j'ai très mal au ventre. Je sens un écoulement entre mes jambes. Heureusement, je ne suis pas loin du Centre Médical et j'y rentre, pliée en deux. Un gynécologue m'ausculte. Il me dit que je viens de faire une fausse-couche. C'est vrai, je n'ai pas pris ma pilule comme il le fallait.

Bizarrement, cet épisode ne m'ébranle pas, ne me rend pas triste. Je repars avec un traitement pour "faire partir le reste" comme me dit le gynécologue. Cet évènement s'est rajouté au reste sans suite dramatique. Ce n'était pas le moment.

Les années ont passé. Je voulais y croire à cette histoire avec Pere, montrer qu'à 25 ans je pouvais avoir quelqu'un dans ma vie. 25 ans était un âge symbolique dans le domaine de la couture. Ma mère était couturière de formation et elle insistait, lourdement, familièrement, sur ce point. Si on était célibataire à 25 ans, on restait vieille fille. Je ne le voulais pas. J'ai donc eu une relation quelques jours avant mes 25 ans. Et la fausse-couche a probablement "officialisé" cet événement de mon existence.

Le 25 novembre de la même année, ma tante, Janine, m'a coiffée du fameux chapeau de la Sainte-Catherine. J'étais bel et bien célibataire. J'étais triste malgré la fête. Elle m'avait même écrit une carte sur laquelle elle disait :

"Et pourquoi pas un petit mari ?" C'était la coutume, la tradition. C'était con.

Je me sens extrêmement fatiguée, vidée, c'est ce dont je me souviens le plus. Mon coeur bat fort tous les jours. Je sais que le téléphone retentira bientôt pour m'annoncer l'ultime nouvelle.

Je passe mes examens écrits pour le Proficiency. Il restera un oral à passer le 11 juin.

Certains professeurs nous invitent Conny et moi au restaurant. Aaron me présente sa famille, sa maison à Lisburn. Je profite de ces derniers moments.

8 juin

Conny me voyant amaigrie, décide de venir dormir avec moi dans ma chambre pour veiller sur moi. Elle est inquiète. Elle me voit si différente, ailleurs. Elle est en colère contre Pere.

À 7 heures du matin, le téléphone retentit. Je me précipite sur le téléphone. C'est Janine. « Tu sais pourquoi je t'appelle... elle est partie tout à l'heure ». Lorna sort de sa chambre, elle a compris. Janine m'annonce la nouvelle très calmement et avec une grande tendresse. Nous sommes le 8 juin. Je me mets à pleurer comme jamais. Je ne sais pas ce qu'est pleurer, je ne pleure jamais.

Je vais à l'agence de voyage et réserve pour le vol le plus proche. Conny m'accompagne. Lorna sort un énorme sac de voyage vide et me dit de commencer à mettre toutes mes affaires, tout ce que je peux emmener maintenant. Je ne veux pas. Je ne veux pas repartir définitivement. Pourtant, je sais qu'elle a raison.

Après avoir réservé et fait mes bagages, je me dirige vers la salle de séjour et me mets en boule dans un fauteuil, position du foetus. Conny et Lorna essaient de me forcer à faire autre chose mais je n'y arrive pas.

Ma tante me rappelle pour me dire que l'enterrement aura lieu le 11 juin. C'est le jour de l'oral du Proficiency.

Mes amies me proposent de venir me chercher à l'aéroport mais pour une fois ma soeur m'appelle et me demande si par hasard, cela m'arrangeait qu'ils viennent me chercher à Roissy. Elle me dit également combien elle est contente : la règlementation sociale de son entreprise lui permet d'avoir trois jours de congé grâce à l'enterrement de notre mère. J'accepte leur service. Nous repartirons ensemble en voiture pour Regnéville.

La nuit qui a suivi, je n'ai pas dormi, j'ai parlé allemand une bonne partie de la nuit à cette pauvre Conny qui m'a supportée. Mon allemand n'avait jamais été aussi bon, parait-il...

9 juin, Ezanville.

Ma sœur, Chantal et Denis, son mari, viennent me chercher à l'aéroport. Ils sont plutôt souriants comme si rien n'était arrivé. Nous partons en direction d'Ezanville où ils habitent. Leur salle de bains est en travaux. Une douche a été provisoirement installée au sous-sol de leur maison, sur le ciment mais malgré tout mon beau-frère me fait comprendre que je ne dois pas mouiller le ciment autour de la douche. J'imagine que c'est de la plus haute importance lorsqu'on va à un enterrement...

10 juin, Regnéville

Nous arrivons à Regnéville dans l'après-midi après avoir déjeuné chez les parents de Denis. Ils saluent mon père, me déposent et repartent chez les beaux-parents pour revenir le lendemain, le jour des obsèques.

Mon père n'est plus lui-même. Il ne sait plus ce qu'il doit faire. Il me demande d'aller à la marbrerie pour choisir la tombe. Je choisis du Balmoral rose. C’est clair et lumineux. Cela me rappelle l'Irlande, c'est le nom d'une ville en Irlande du Nord.

En fait je prends le relais de ma tante, Janine.

De son côté, celle-ci m'annonce le lendemain que son mari, Alfred, est atteint de la maladie d'Alzheimer. Je ne connais pas cette pathologie. C'est de la sénilité précoce me dit-elle. Alfred n'a que 63 ans.

Une nouvelle de plus dans la foulée...

11 juin

Chantal et Denis nous rejoignent à Pa Pi Ja. John, mon neveu, est là aussi.

Mon père nous demande ce qu'on va dire aux gens s'ils nous demandent de quoi notre mère est morte. Ils conviennent, car je ne suis pas d'accord, qu'elle est morte d'un cancer du foie. Il est de meilleur goût de dire cela plutôt que la vérité.

Juste avant de partir, mon père me dit qu'il y a un courrier pour moi dans le tiroir du meuble du téléphone. La lettre est là depuis quelques jours mais il a oublié de m'en parler vu les évènements. C'est une lettre bleue... non, ce n'est pas possible. La chiromancienne m'avait dit cela. J'en ai des frissons partout. J'ouvre la lettre. Elle vient du rectorat de Caen. C'est une offre d'emploi pour un remplacement dans un collège, en anglais. Je ne me souvenais plus que j'avais fait une demande d'emploi au rectorat. Cela fait des mois, peut-être même un an ou plus !

Le remplacement doit commencer ce jour, le 11 juin. Ce n'est bien sûr pas possible. J'appellerai le rectorat en revenant de l'enterrement.

Denis, fier de sa jeune belle-sœur, me dit : "tu trouverais de l'eau dans un désert toi ! ".

Une messe a été réservée à l'église de Grimouville. Nous attendons tous devant l'église. Ma tante Pierrette, soeur de ma mère et de Janine, ainsi que mon oncle Michel, habillé en queue de pie pour l'occasion, viennent me voir en me demandant pourquoi je ne suis pas allée leur dire bonjour sur un ton assez agressif. Les gens du coin viennent gentiment nous voir.

La messe a été interminable et d'une hypocrisie sans nom. Je hais les messes d'enterrement, c'est plein de mensonges pour faire bien devant tout le monde. Je suis en colère.

L'enterrement se fait au cimetière de Regnéville. Il vente sur cette petite colline mais pourquoi, je ne sais, ma mère y sera bien et en paix.

Depuis ce jour, je vais sur sa tombe quand j'en ai envie et je lui parle.

Une fois l'enterrement terminé, nous nous rejoignons chez Janine qui a préparé une collation. Chantal propose de partir, dit au revoir à mon père. Denis, qui semble étonné, suggère à ma soeur de rester avec nous une journée. Chantal accepte et dit : "pourquoi pas ?". L'idée de rester ne lui avait même pas effleuré l'esprit.

J'appelle le rectorat dès que j'en ai la possibilité pour expliquer la situation. On me dit que le poste est toujours vacant qu'ils n'ont personne pour effectuer ce remplacement sur deux collèges. Je leur demande s'ils peuvent attendre deux jours que je puisse m'organiser. Le rectorat accepte.

Je dois absolument me fournir une voiture au plus vite et c'est ce que je vais faire dès le lendemain avec l'ami de Paul.

Si je veux avoir une place au rectorat, je dois prendre ce qu'on me propose dès maintenant, sinon, on ne me proposera plus rien.

J'ai tout juste le temps d'aller chercher une voiture au garage de Robert qui me fait confiance, il connait bien mon père et me fait crédit. Je le paierai chaque mois. Mon père a avancé un acompte. J'assure ma nouvelle auto, une Polo grise de dix ans d'âge.

J'envoie un courrier de remerciements à tous les enseignants du lycée qui m'ont soutenue pendant ce moment difficile et je cite en particulier Aaron Smylie et je ne crois pas si bien faire car pendant mon absence une accusation sera portée contre lui à mon égard, une accusation de viol et ce courrier entre autres, le disculpera. L'auteur de l'accusation est Miss G.

Dès le surlendemain de l'enterrement, je sillonne les routes de la Manche pour faire mes remplacements. Cela me plait énormément. La campagne est si belle que les trajets en voiture sont une récréation pour moi. J'ai eu juste un souci le premier jour, je me suis retrouvée en face d'un camion de l'autre côté de la route, habituée à conduire en Irlande depuis six mois déjà.

Cette activité m'occupe, je ne pense à rien, qu'à mes élèves pendant quinze jours. J'en profite pour faire une demande de logement à la ville de Coutances en mentionnant le nom de Pere.

Dernier séjour en Irlande du Nord

Je repars pour l'Irlande du Nord en passant par Dublin et rencontre Noémie avec son bébé. Il est né le 17 juin. Une mort, une naissance dit-on.

Arrivée à Belfast, je fais toutes mes démarches administratives. Je clôture mon compte bancaire. Aaron qui me remercie sans fin du courrier que j'ai envoyé et du témoignage que je lui ai apporté m'aide à vendre Elco pour pièces détachées. J'en retire 100 Livres, environ 1000 francs ce qui me paiera mon voyage de retour.

Je vais voir le professeur du Profeciency et lui demande s'il y a une session de rattrapage en septembre et à mon grand regret, j'apprends qu'il n'y en a pas. Je suis déçue. Je dois tout recommencer à zéro. Il me dit que mes notes d'écrit sont très bonnes et que j'aurais eu un Grade A...

Tout ça pour ça...

Je dis au revoir à tout le monde et surtout à cette Irlande, avec ses barrières, ses blindés, ses attentats. Cette Irlande qui me manquera tant.

Épilogue

Je garderai des contacts avec Aaron et sa famille jusqu'à maintenant, ainsi que Conny et Aurora.

Pere m'enverra une lettre pour me dire qu'il ne viendra pas mais qu'il me souhaite bonne chance et que je suis "une fille bien".

J'emménagerai dans un immense quatre pièces puis dans un trois pièces dans le centre de Coutances, dans la Manche. Je serai surveillante et Maître Auxiliaire en anglais pendant un an pour l'académie de Caen. Je continuerai ma licence d'anglais à la fac de Caen par téléenseignement et la terminerai à Villetaneuse trois ans plus tard. Je déménagerai à Paris en octobre 1992 à l'âge de 26 ans.

Je ne repasserai jamais le Profeciency Certificate of English.

Le Proficiency Certificate représente LE diplôme que j'aurais tant aimé avoir. Ma mère, dans le passé, m'avait souvent fait échouer à des examens. Elle s'en réjouissait parfois ostensiblement. J'observe qu'elle me fait encore rater un examen, malgré son décès.

John, après une année inachevée en BEP d'électrotechniques, entrera en 1ère d'adaptation, passera le bac Professionnel de comptabilité

Je lui montrerai une photographie de sa mère pendant l'été 1991. Il la verra alors pour la première fois.

Je découvre Belfast "libre" après les accords de Paix en 1998 accompagnée de Christophe, mon futur époux.

9 août 2015

Mon mari, Gwen, ma fille ainée et moi-même, sommes à l'aéroport de Beauvais largement deux heures avant le départ car je n'ai pas pu valider le billet de Gwen, qui doit s'envoler pour Dublin à 9h25. Mes amis Aaron et Eleanor l'attendent pour 10h00 heure locale...

La guichetière nous informe que Gwen ne peut pas partir car elle n'a pas 16 ans... je lui dis que ce n'était pas stipulé lorsque j'avais réservé... elle me répond que c'est écrit dans les conditions générales de vente et que je devais le savoir...

Je décide que Gwen ne partira pas. Puis je demande à l'hôtesse si Gwen peut partir si on l'accompagne. Sa réponse est bien entendu positive mais l'aller-retour dans la journée est trop coûteux. L'aller-retour sur deux jours est plus raisonnable mais toujours trop onéreux pour notre bourse. Christophe tranche et décide que j'accompagnerai Gwen. Je ne réalise pas. Je suis partie avec mon sac à main, des sandales et un petit gilet sur le dos... mes amis ne sont pas prévenus. Je les préviens par internet avec mon téléphone portable. Aaron ne comprend pas mon message. Je lui explique de nouveau et je suis gênée... il me répond que ce n'est pas un gros problème et qu'ils seront contents de me voir... qu'ils me fourniront des habits sur place et qu'il me ramènera à l'aéroport de Dublin demain après-midi.

Christophe nous quitte et il est content de lui car il sait qu'il me fait plaisir en m'envoyant en Irlande... moi, je culpabilise parce qu'on a dépensé 305 € supplémentaires car je n'avais pas vu que Gwen ne pouvait pas voyager avant 16 ans... ça gâche une partie de cette heureuse surprise : revoir l'Irlande.

De toute façon, je n'ai pas le choix, je suis en partance pour Dublin avec Gwen. Je réalise tout à coup que j'emmène ma fille dans ce pays qui m'est si cher. Gwen rencontre des difficultés en anglais car elle est dyslexique. Je lui ai par conséquent proposé de contacter Aaron et Eleanor pour leur demander s'ils pouvaient lui trouver une famille d'accueil. Ils étaient partants pour l'accueillir chez eux. Aaron m'avait rappelée une semaine plus tard. Une ancienne collègue, prof de langues avait trouvé une famille d'accueil pour Gwen, Anna serait sa correspondante et sa mère Valérie l'accueillerait. Après m'avoir donné les coordonnées de Val et Anna Shannon, j'avais pris contact avec elles. Celles-ci ne pouvaient l'accueillir que cinq jours car la famille avait prévu un séjour à Paris. Gwen serait donc chez les Shannon du 9 au 14 août puis récupérée par Aaron et Eleanor. J'avais immédiatement réservé son billet aller-retour par la compagnie Ryanair.

Je me souvenais si bien d'Aaron et d'Eleanor également, grande et blonde, peu coquette, plus grande que son mari, avec un visage qui respire la bonté. Elle suscite toujours la sympathie. Elle est croyante... Mon amitié avec ce couple et leurs enfants s'est réellement installée lorsque je suis rentrée en France. Ils adoraient la France. Ils passaient leurs vacances d'été sur les côtes de la Manche à Barneville-Carteret dans leur caravane. Comme j'habitais à Coutances, nous nous voyions tous les ans. Mon père était devenu une sorte de parent français pour eux surtout pour Aaron qui ne s'entendait pas avec son père. Mon père allait les accueillir à leur arrivée au camping chaque année et parfois même à l'arrivée du ferry à Cherbourg... Cela dura environ sept ans. Chacun y trouvait son compte. Mon père s'était trouvé des enfants qui remplaçaient ceux qu'il ne voyait plus.

En 1994, j'avais emmené mon père en Irlande. Il prenait l'avion pour la première fois de sa vie. Il fêta ses 70 ans sur le sol irlandais. Il m'en parle encore. À cette époque, les trois enfants d'Aaron et Eleanor étaient encore jeunes. Eleanor avait une patience d'ange avec eux, je l'admirais... Ils nous emmenèrent partout avec leurs deux voitures...

Je revins chez eux en 1998 avec ma nièce pour Pâques et en été avec Christophe puis ils vinrent en vacances chez nous en 1999, j'étais enceinte de Gwen. Nous y allâmes en été 2002 pour la dernière fois. William, mon fils, avait juste un an et fit ses premiers pas à Lisburn.

Installées dans l'avion, je m'adresse à Gwen en lui décrivant les étapes géographiques, les différents paysages que nous allons survoler. Je suis impressionnée de ma mémoire car j'avais tout laissé dans un coin de ma tête et pensais que j'avais tout oublié... En fait, je n'y avais plus pensé pendant toutes ces années. Ma fille m'écoutait... mais je ne voulais pas l'encombrer de mes souvenirs car elle allait créer les siens. Si elle se prenait à aimer l'Irlande, il fallait que ce soit la sienne et non la mienne... alors je me suis tue. Je ne voulais pas faire un transfert de ma passion pour ce pays, ces personnes qui faisaient partie de mon histoire, de mon passé. Il fallait qu'elle se fasse sa propre opinion. Je ne voulais pas lui imposer mon regard même si elle savait, tacitement, implicitement, profondément ce que j'en pensais, ce que je ressentais.

Nous atterrissons à l'heure. N'ayant que deux bagages à main, nous sortons très rapidement des couloirs et de la douane. Mon pied est douloureux ces derniers jours, ma jambe ne veut pas suivre. Nos amis nous attendent. Eleanor nous reconnait la première et presse le pas vers nous, Aaron suit. Quelle joie de les revoir ! Moi qui pensais les déranger par ma présence inattendue, je m'aperçois qu'ils sont ravis. Nous nous embrassons à la française, ils n'ont pas oublié nos habitudes qui ne sont pas les leurs... Aaron nous propose de boire quelque chose avant de prendre la route pour Belfast. Nous acceptons. Assis autour d'une table, je leur raconte nos mésaventures... Aaron, fier d'avoir des visiteurs français avec lui, prend une photo de Gwen et moi puis la poste immédiatement sur Facebook. Je suis gênée. Je n'aime pas trop Facebook. Mais c'est gentil et spontané, une façon de partager sa joie...

Nous partons pour Lisburn où la mère de famille, Valérie, l'accueillera. Je reconnais l'empressement nerveux d'Aaron qui ne peut sortir du parking de l'aéroport à cause d'une automobiliste qui n'avance pas devant lui. Je lui fais remarquer au grand plaisir d'Eleanor qui elle, ne s'énerve jamais... Il y a maintenant une autoroute qui va de Dublin à Belfast et l'on ne met qu'une heure et demie pour y aller. Il en fallait le double il y a 25 ans ! Gwen s'endort, elle a bouclé sa valise vers 1h du matin et nous sommes repartis à 6h30 pour l'aéroport de Beauvais. Je discute avec Eleanor comme je peux. Mon ouïe n'est pas excellente et le bruit de la voiture me gêne. Je regarde le paysage autour de moi. Il ne fait pas beau. Je vois des montagnes vertes plombées de nuages. L'Irlande.

Arrivés à Lisburn, sur le parking de Sprucefield devant M&S, Valérie et Anna nous attendent. Nous avons un peu de retard. Je salue Valérie, une grande femme blonde sympathique et Anna, une grande jeune fille toute droite et timide. Je laisse Gwen entre les mains de ces personnes en qui j'ai confiance. Nous nous séparons et chaque voiture repart de son côté.

Me voici chez mes amis. Je leur offre les petits cadeaux que j'ai repris dans la valise de Gwen. Un DVD sur les peintres de l'Oise, des souvenirs de touristes. Eleanor fait un peu de ménage, dégage la table de la cuisine pour faire de la place. Ils ne m'attendaient pas... C'est drôle ces souvenirs figés du passé. Je n'avais rien imaginé puisque je suis partie à l'improviste. Tout était resté intact dans ma tête. Je reconnais bien leur maison, les mêmes décors ou presque mais une télévision à écran plat, des téléphones portables, des ordinateurs et la wifi partout sont arrivés avec les années !

Une véranda a été ajoutée, Eleanor est étonnée que je ne la connaisse pas...mais oui, ça fait déjà 10 ans qu'ils l'ont et mon dernier passage date de 13 ans... J'adore les vérandas. Je prends des photos.

Andrew, leur dernier vient d'avoir son diplôme de manipulateur en électrocardiogrammes. Il est très grand, parle peu. Il a déjà du travail. Les deux aînées sont parties de la maison depuis plusieurs années.

Il est environ 13h30, Eleanor, prépare le déjeuner. Un déjeuner de week-end. Saucisses, bacon et galette de pommes de terre, thé et petits gâteaux... Je m'émerveille devant ma galette de pommes de terre. Je n'en ai pas mangé, savouré depuis au moins 20 ans ! Eleanor est ravie, elle ne pensait pas me faire plaisir à ce point. Tout à coup je revis. Je suis chez moi en Irlande. J'ai l'impression d'avoir toujours vécu ici et que je vis en France par obligation, pourtant mon pays d'origine...

Aaron, le nez dans son journal, me dit :" 300€ for potato bread ! ", avec son humour caustique. Oui, c'est le prix de mon aller/retour Beauvais-Dublin...

Après le déjeuner, nous partons pour leur mobil-home, à Cranfield une station balnéaire. Eleanor me trouve quelques habits plus chauds dans la chambre de sa deuxième fille qui n'a toujours pas débarrassé ses affaires depuis son départ en Allemagne, il y a quatre ans.

En route, nous nous arrêtons au petit supermarché près de chez eux. J'en profite pour retirer 20 Livres car je dois reprendre le car demain pour aller à l'aéroport. Eleanor fait quelques achats et la connaissant, je suis certaine qu'elle va acheter des galettes de pommes de terre !

Nous partons pour de bon. Les routes sont étroites, pleines de creux et de bosses. D'ordinaire, j'aime cela mais aujourd'hui, ça me fait terriblement souffrir. Le pied, la jambe, des douleurs m'élancent en ce moment. Nous nous arrêtons chez un marchand de glaces. Apparemment, elles sont bonnes et ils sont habitués à en prendre une au passage.

Nous longeons la mer. Devant les montagnes vertes de Mourne. L'eau est grise. Nous arrivons au mobil-home au bout d'une heure de route. Les mobil-homes sont alignés, il y a peu d'espace entre eux, juste assez pour garer sa voiture... cependant, le leur est face à la mer et on ressent un calme indescriptible.

Eleanor met la bouilloire en route dès son entrée dans la petite cuisine. Le mobil-home est coquet, un peu vieillot mais j'aime cela. Nous buvons une tasse de thé, mangeons un petit gâteau et Eleanor me propose d'aller nous promener sur la plage. Je réponds avec un oui enthousiaste. J'enfile la polaire de sa fille, des chaussettes et des tennis trop grandes pour moi. Nous partons, juste quelques marches à descendre et nous sommes sur la plage. La mer est basse, il y a du vent, quelques rayons de soleil et la montagne devant nous avec ses nuages bas. Nous discutons de tout. C'est intéressant. J'ai des difficultés à retrouver le bon vocabulaire, cela me chagrine. Cette promenade en plein vent me plait. Mes yeux, mes oreilles, mes poumons se remplissent, se nourrissent. Je me gonfle d'énergie.

Je commence à boiter. Nous rentrons.

Plus tard, nous dînons. Aaron, amateur et professionnel du vin, nous ouvre une bouteille de rouge et de rosé. Il est heureux de partager son vin avec une Française. Nous discutons de l'actualité, des musulmans en Europe, de l'intolérance générale…

Ils partent se promener. Je préfère me reposer et je prends des nouvelles de Gwen. Je trouve des SMS de John, de mon amie Nathalie qui se demande ce que je fais à Dublin, suite à la photo qu'Aaron a laissée sur Facebook... je ne sais que répondre, c'est trop long à raconter.

Eleanor a préparé mon lit avec deux couettes, elle sait que je suis frileuse. Elle a apporté un tas de coussins pour que je puisse me caler dans mon lit en cas de douleurs. Je suis émue de l'attention qu'elle me porte alors que ma présence n'était pas prévue.

Je dors mal et me réveille très tôt. Il vente et il pleut. J'attends une heure raisonnable pour me lever afin de ne pas les réveiller. Je sors du lit et j'ai froid. Je me fais une tasse de thé.

Eleanor se lève la première. Elle voit que j'ai froid et allume le chauffage. J'en ai honte.

Elle prépare le petit déjeuner avec du bacon et … des galettes de pommes de terre... Aaron se lève.

La météo ne s'améliore pas. Nous sortons cependant pour acheter du pain, le journal et pour moi, des scones, des galettes de pommes de terre pour ramener à la maison.

Au retour, Eleanor me montre leurs photos de leur voyage en Australie et en Nouvelle-Zélande. C'est un voyage qu'ils ont organisé eux-mêmes loin des sentiers touristiques. Les photos sont magnifiques et je rêve de ces voyages…

Le temps s'éclaircit. Nous faisons une promenade sur la plage tous les trois au soleil !

Eleanor me raconte qu'elle vient sur cette plage depuis qu'elle est toute petite. Ses parents avaient acheté un mobil-home sachant qu'ils ne pouvaient pas partir en vacances à l'étranger. Le budget était serré. Elle aime toujours autant y aller, leurs enfants aussi.

Il est bientôt temps de repartir, je dois prendre le car à Newry pour aller à l'aéroport de Dublin.

De nouveau une demi-heure de voiture qui me fait souffrir. Mes amis me laissent dans le car. Je les quitte et prends une photo d'eux en train de me dire au revoir. Ils sont beaux avec leur sourire si franc, je les aime. Je suis triste. Je regrette de ne pouvoir venir en Irlande si souvent. Mon anglais n'est plus très bon.

Je reprends l'avion de retour pour Beauvais et me dis que par tous les moyens je retournerai en Irlande.

Si Christophe n'avait pas insisté, je n'y serais pas retournée et Gwen n'aurait pas découvert l'Irlande cette année-là.

Toussaint 2015

Valérie et Anna viennent quatre jours chez nous. Nous passons un moment inoubliable. Quelques jours avant les attentats, le massacre du Bataclan.

Février 2016

Christophe et moi partons à Belfast pour deux jours. Le tourisme de guerre a remplacé la haine, un mur de la Paix s'est installé entre Falls et Shankill. Des musiciens arborent les rues avec des tin whistles, des violons, de la musique traditionnelle. Belfast revit. Impensable trente ans auparavant.

Avec Aaron et Eleanor, nous dînons au restaurant dans un quartier que je ne connais pas, devenu le cœur de la vie nocturne et culturelle de Belfast. Nous discutons des attentats de Paris. Aaron souligne que la France est soutenue par le monde entier, tout le monde en est informé. Eux, pendant presque trente ans, ils étaient seuls dans ce coin de l'île, avec leur guerre civile dont personne ne voulait entendre parler. Cette guerre sévissait à seulement six-cents kilomètres de Paris. On les ignorait, on s'en foutait. C'est la réalité. Aaron a raison.

La Chaussée des géants est devenue une attraction touristique très onéreuse et dénaturée à mon sens. Mais au moins, c'est un site maintenant connu et reconnu. Le site par lui-même, paysage lunaire vaut toujours le détour.

Été 2016

Après un séjour en Allemagne chez Conny, Gwendoline est repartie chez Anna, en Ulster. Le lien persiste.

C'est aussi l'année du "oui" au Brexit.

L'Irlande du Nord a voté à 56 % en faveur du maintien du Royaume-Uni au sein de l'UE lors du référendum du 23 juin 2016, à contre-courant du vote majoritaire (52 %) de l'ensemble des Britanniques, en faveur du Brexit. Dans cette province, les résultats ont été largement influencés par cette question de la frontière, une véritable poudrière de violence durant les trois décennies de conflit.

Ni Londres ni Bruxelles ne veulent le rétablissement d'une frontière physique dans l'île afin de préserver l'Accord de paix du Vendredi Saint, également appelé accord de Belfast, qui avait mis fin, en 1998, à 30 ans de conflit sanglant entre unionistes majoritairement protestants et républicains catholiques en Irlande du Nord.

J'observe les "post" d'Aaron sur Facebook concernant une éventuelle frontière, une nouvelle fois, entre l'Ulster et la République d'Irlande qui elle, restera un État de l'Union Européenne.

Au lendemain du referendum sur le Brexit, des centaines de Nord-Irlandais se précipitaient vers l'Eire pour se faire faire un passeport irlandais afin de pouvoir circuler en Europe pour ne pas être considéré comme un pur Britannique. Quelle déception après tant de négociations pour la paix.

Mars 2019

Mon père nous quitte. J'envoie un message à Aaron. Il m'appelle immédiatement. Nous faisons revivre tous ces souvenirs communs passés avec "Dayday" comme il dit au lieu de Dédé... Il va écrire un mot d'adieu pour la cérémonie qui aura lieu le 2 avril. Il me renvoie un très long texte dont je ne traduis qu'une petite partie. C'est très émouvant. Il me dit qu'il a beaucoup pleuré et je le crois. Un hommage qui nous vient d'Irlande du Nord. Les personnes présentes sont bouleversées.

Pendant ce temps, le Brexit est en négociations, les accords sont repoussés de mois en mois. De nouveaux incidents se déclenchent à l'idée qu'une nouvelle frontière se réinstalle entre la République d'Irlande et l'Ulster. La Grande-Bretagne est devenue folle.
Une page de l'Histoire et de mon histoire se tourne et me retourne.

Remerciements

Je tiens à remercier toutes les personnes qui ont contribué à l'écriture de ce récit en commençant par ma plus ancienne et chère amie Nathalie qui m'a toujours encouragée depuis mes 16 ans à écrire et qui m'a toujours lue avec tant de patience !

Merci également à Carole Détain qui depuis plus de cinq ans m'incite à écrire, me conseille et me lit régulièrement et assidument.

Merci à mon époux et ma fille, Ludivine qui a largement participé à l'élaboration de la couverture.

Merci à Corinne Tartare qui me soutient et me lit depuis quelques années avec bienveillance ainsi que Frédérique Sophie Braize qui n'a cessé de croire en ce récit et qui m'a encouragée à en faire une publication, sans oublier Marie France et Sébastien Mittelberger.

Merci à mes lecteurs et relecteurs comme Ghislaine, Loïc, Pierre Luneval, Laurence Simao et Laurence Rang.

Merci à Caro Logan, que j'ai harcelée pendant l'été, qui m'a fait connaître Nombre7 Éditions et son équipe.

Et enfin merci à tous ceux que j'ai sans doute oubliés, qu'ils me pardonnent si tel est le cas…

NomBre 7
éditions

contact@nombre7.fr - 04 66 05 87 18

Imprimé en France — Septembre 2020

Dépôt légal second semestre 2020